Ulrich Krauße

AF203236

Latine loqui cum patre filioque

Latein sprechen mit Vater und Sohn

Für die engagierte Unterstützung dieses Buchprojektes danke ich
Marius Krauße und Volker Rehmann

Copyright: © Ulrich Krauße,

Verlag Munduslatinus, 2018

Bilder: mit freundlicher Genehmigung des Südverlag, Konstanz

Umschlagsgestaltung: Ulrich Krauße

Satz: Ulrich Krauße

4. verbesserte Auflage

Das Werk, einschließlich seiner Teile, ist urheberrechtlich geschützt. Jede Verwertung ist ohne Zustimmung des Verlages und des Autors unzulässig. Dies gilt insbesondere für die elektronische oder sonstige Vervielfältigung, Übersetzung, Verbreitung und öffentliche Zugänglichmachung.

MundusLatinus – *Latein macht Laune!*

Latine loqui cum patre filioque

Latein Sprechen mit Vater und Sohn

10 Bildergeschichten von E.O.Plauen für die Schule und Zuhause

Jede Bildergeschichte umfasst passende Vokabelvorschläge,
2 schriftliche Aufgaben, sowie **17** separate Musterlösungen im **Indikativ** für
freies Sprechen in Lateinischer Sprache.

Ein intensives und abwechslungsreiches Trainingsprogramm.

www.munduslatinus.de

Ein Lob der lateinischen Bildergeschichte

Bildergeschichten sind seit vielen Generationen ein allgemein anerkanntes und beliebtes Hilfsmittel zur Gestaltung des Deutsch- und Fremdsprachen-Unterrichts. Aber auch im Latein-Unterricht leistet die Bildergeschichte einen willkommenen Beitrag zur Auflockerung des Unterrichtes und zur Vertiefung des Schulstoffes mit neuen Mitteln. Die Bildergeschichte wirkt motivationsfördernd, weil sie den Schüler für kurze Zeit aus seiner passiven Rolle befreit:

Die Schülerinnen und Schüler können sich durch gute Formulierungskünste oder gutes Vokabelwissen hervortun und so Anerkennung erfahren. Gleichzeitig offenbart sich in ganz praktischer Weise der tiefere Sinn der bisher gelernten Grammatik. So vermittelt das mündliche Übersetzen wieder ein Gespür für Latein als Sprache. Unterstützt wird diese Sprach-Erfahrung durch kurze Fragen-Antwort-Runden durch die Lehrkraft. Der Vokabel-Pool unter der Bildergeschichte verhindert, dass der Schüler "hängenbleibt" und sich blamiert. Mündliche Befragungen in lateinischer Sprache zu den Bildergeschichten verbessern zusätzlich das Hörverstehen.

Für die Lehrkraft ergibt sich der Vorteil, dass sie den aktuellen Stoff in einer kurzen, überschaubaren Einheit mit einer unterhaltsamen Geschichte vertiefen kann, ohne vom Lehrplan für längere Zeit abweichen zu müssen.

Schriftlich oder Mündlich!

Im Prinzip sind die Geschichten sowohl für den schriftlichen als auch den mündlichen Ausdruck geeignet. Da aber der mündliche Ausdruck vielerorts vernachlässigt bzw. ignoriert wird, empfehle ich ausdrücklich das mündliche Übersetzen, in der Hoffnung, dass es verstärkt geübt werde. Das verstärkt den Eindruck dieser Übungen besonders dann, wenn es im Unterricht bisher nicht oder nur selten vorgekommen ist.

Einen abwechslungsreichen und lebhaften Latein-Unterricht wünscht Euch und Ihnen

Ulrich Krauße, www.munduslatinus.de

Prima pars: Bildergeschichten und schriftliche Aufgaben:

I. Insere Verba absentia! (Ergänze die fehlenden Worte!)

II. Inscribe recta responsa (littera)! (Trage die richtigen Antworten ein (Buchstabe)!

Secunda pars secunda: Musterlösungen zu den Bildern

Latine loqui cum patre filioque (E.O.Plauen)

Alapa familiaris

Die Familien-Ohrfeige, *Berliner Illustrirte* 48/1936

Vocabula:

Bild: pictura, -ae f. / imago, -imaginis f.	**Blumenvase:** vas florale n.
Vater: pater, patris m.	**umstoßen:** evertere, -to, -ti, -eversum
Sohn: filius, -i m.	**fallen:** cadere, cado, cecidi, -
Großvater: avus,- i m.	**zerbrechen:** frangere, -frango, fregi, fractum
besuchen: visitare, -o, -avi, -atum	**Mütze:** pillleus, -i m.
Urgroßvater: proavus, -i m.	**tragen:** gerere, gero, gessi, gestum
begrüßen: salutare, -o, -avi, -atum	**(Geh)stock:** baculum, -i n.
fotografieren: photographare, -o, -avi, -atum	**Ohrfeige:** alapa, -ae f.
sich aufstellen: consistere; -o, constiti, constitum	**eine Ohrfeige geben:** alapam dare / ducere
Vase: vas, vasis n.	**Familien-:** familiaris, -e
Blume: flos, floris m.	**zuletzt:** postremo
dann, danach: tum	**Haar:** capillus, -i m.
wollen: velle, volo, volui, -	**wie viele:** quot
	vorhaben: in animo habēre

Latine loqui cum patre filioque (E.O.Plauen)

Alapa familiaris – schriftliche Aufgaben

I. Insere verba absentia!

Pater filiusque avum _____.

Tum avus, pater filiusque proavum _____.

Proavus alios photographare _____ .

Sed subito avus, pater filiusque _____ .

Proavus iratus est, nam vas florale etiam _____ .

Itaque proavus _____ alapam ducit.

Tum avus _____ alapam ducit.

Denique pater _____ alapam ducit.

II. Inscribe recta responsa (littera)!

1. Quid facit avus in pictura prima?
2. Quis baculum habet in pictura secunda?
3. Quid proavus facere vult in pictura tertia?
4. Quis 'virorum' capillos habet?
5. Quid humi iacet in pictura quinta?
6. Quis est filius proavi?
7. Quot homines vides in pictura septima?

a. Proavus baculum habet.
b. Vas florale humi iacet.
c. Avus filium salutat.
d. Modo filius capillos habet.
e. Proavus photographare vult.
f. Video septem homines in pictura ultima.
g. Avus est filius proavi.

Lösung: Alapa: 1c; 2a; 3e; 4d; 5b; 6g; 7f

Bene cogitatum

Gut gemeint ..., Berliner Illustrirte 27/1936

Vocabula:

gut: bene
denken: cogitare, -o, -avi, -atum
Bild: pictura, -ae f. / imago, -imaginis f.
Vater: pater, patris m.
Sohn: filius, -i m.
Teich: stagnum,- i n. / lacus, -us m.
Netz, Kescher: rete, retis n.
Fisch: piscis, -is m.
fangen: capere, capio, cepi, captum
Eimer: situla, -ae .f
nach Hause gehen: domum redire
zu Hause: domi
sich freuen: gaudēre, gaudeo, gavisus sum
wollen: velle, volo, volui; / in animo habēre

schlachten: mactare, -o, -avi, -atum
Messer: culter, cultris m.
weinen: flēre, -eo, -evi, -etum; / lacrimare, -o, avi, atum
Auge: oculus, -i m.
zurückbringen: referre, -fero, rettuli, relatum; / reportare, -o, -avi, atum
freilassen: dimittere, -o, -misi, -missum
Wasser: aqua, -ae f.
verschlingen: devorare, -o, -avi, -atum
der größere: maior, maioris
der kleinere: minor, minoris
erscheinen: apparēre, -appareo, -apparui,
traurig: tristis, -e
sich nähern: appropinquare, -o, -avi, -atum
schauen: spectare, -o, -avi, -atum

Bene cogitatum – schriftliche Aufgaben

I. Insere verba absentia!

1. Pater filiusque in stagno piscem _____ .

2. Tum piscem in situla domum _____.

3. Domi pater piscem mactare vult, sed filius piscem in oculos _____ et _____ .

4. Ergo piscem in stagnum _____ .

5 Ibi piscem _____ et _____ .

6 Subito piscis maior _____ et minorem _____ .

II Inscribe recta responsa (littera)!

1. Ubi pater filiusque piscem capiunt?
2. Quo piscem portant?
3. Quid pater facere vult in pictura tertia?
4. Quid est in situla in pictura quarta?
5. Cur gaudent pater filiusque?
6. Quid accidit in pictura ultima?

a. Piscis maior minorem devorat.
b. Piscem in stagnum referunt.
c. Pater piscem mactare in animo habet.
d. Piscem in situla domum ferunt.
e. Piscem in stagno capiunt.
g. Ibi piscem dimittunt et gaudent.

Lösung: Bene cogitatum: 1e; 2d; 3c; 4b; 5g; 6a

Exemplum bonum

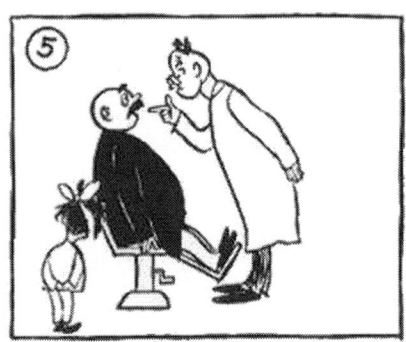

Vocabula:

Beispiel: exemplum, -i n.
gut: bonus, -a, -um
Bild: pictura, -ae f. / imago, -imaginis f.
Vater: pater, patris m.
Sohn: filius, -i m.
Zahnarzt: (medicus) dentarius m.
Zahnarztstuhl: sella dentaria f.
Zahn: dens, dentis m.
Mund: os, oris n.
Zange: forceps, forcipis m./f.
Zahnschmerzen: dolores dentium m.
zeigen: monstrare, -o, -avi, -atum
in der Hand halten: manu tenēre, -eo, -ui, -tentum
leiden: laborare, -o, -avi, -atum

behandeln: tractare, -o, -avi, -atum / curare, -o, -avi, -atum
Zeigefinger: digitus index m.
heben: tollere, tollo, sustuli, sublatum
hineinschauen: inspicere, -cio, inspexi, inspectum
untersuchen: inspicere, -cio, inspexi, inspectum
schreien: clamare, -o, -avi, -atum
wegschicken: dimittere, -o, -misi, -missum
sich hinsetzen: considere, -sido, -sedi, -sessum
aufpassen : animum attendere, -do, -di, -tum
Handtuch: manutergium, -i n.
Zahnschmerzen: dolores dentium m.
verlassen: relinquere, relinquo, reliqui, relictum
zugeben, gestehen: confiteri, confiteor, confessus sum
weinen: flēre, flēo, flēvi, flētum

Exemplum bonum – schriftliche Aufgaben

I. Insere verba absentia!

1. Filius in sella dentaria sedet et clamat, nam dentarius forcipem _____ .

2. Pater filium e sella dimittit et ipse ibi _____ .

3. Pater digitum indicem tollit et filium monet _____ .

4. Medicus dentarius dentes patris _____ .

5 Dentarius patri aliquid _____ .

6 Medicus dentarius forcipem capit et pater etiam valde _____ .

II. Inscribe recta responsa (littera)!

1. Ubi sunt pater filiusque?
2. Quid facit pater?
3. Cur pater digitum indicem tollit?
4. Quid inspicit medicus dentarius?
5. Quid facit medicus dentarius?
6. Cur clamat pater?

a. Pater dimittit filium e sella dentaria.
b. Pater filiusque apud medicum dentarium sunt.
c. Pater filium monet.
d. Dentarius dentes patris inspicit.
e. Medicus patrem aliquid dicit.
f. Pater valde clamat, nam medicus forcipem capit.

Lösung: Exemplum bonum: 1b; 2a; 3c; 4d; 5e 6a

Latro

Der Bankräuber, *Berliner Illustrirte* 17/1936

Vocabula:	
Räuber: latro, -onis m.	**hochheben**: tollere, tollo, sustuli, sublatum
Bankräuber: latro, -onis m.	**Pistole**: pistolium, -i n.
Bild: pictura, -ae f. / imago, -imaginis f.	**auf jmd. zielen**: in aliquem dirigere, -rigo, -rexi, directum
Vater: pater, patris m.	**eine Ohrfeige geben**: alapam dare /ducere
Sohn: filius, -i m.	**wegfliegen**: avolare, -o, -avi, -atum
Bank: argentaria, -ae f.	**verprügeln**: verberare, -o, -avi, -atum
umstoßen: evertere, -to, -ti, eversum	**herankommen**: accedere, accedo, accessi, accessum
weinen: flēre, -flēo, - flēvi, flētum; / lacrimare; -o, -avi, atum	**Polizist**: custos publicus m.
Kreisel: turbo, turbinis m.	**verhaften, schnappen** : comprehendere, -do, -di, hensum
Peitsche: flagellum, -i n.	**abführen**: abducere, -duco, -duxi, ductum,
hineinstürzen: irruere, irruo, irrui, -	**Mensch**: homo, hominis m.
Angestellter: functionarius, -i m.	**schließlich**: denique
Hand: manus, -us f.	**feiern**: celebrare, -o, -avi, -atum

Latro – schriftliche Aufgaben

I. Insere verba absentia!

1. Latro in argentariam _____ et filium ante portam _____ .

2. Pater venit et filius patri de latrone _____ .

3. Pater filiusque argentariam intrant et filius patri latronem _____ .

4. Pater iratus latronem ingentam alapam _____ et pistolia _____ .

5   Pater iratus latronem verberare _____ et functionarii _____ .

6   Homines patrem filiumque _____ et custos publicus latronem _____ .

II. Inscribe recta responsa (littera)!

1. Quo currit latro?
2. Quid facit filius ante portam?
3. Cur flet filius?
4. Quid facit latro cum pistoliis?
5. Quid faciunt functionarii?
6. Quis comprehendit latronem?

a. Custos publicus latronem comprehendit.
b. Latro in argentariam currit.
c. Functionarii manus tollunt.
d. Filius ante portam turbine et flagello ludit.
e. Filius flet, quia latro eum evertit.
f. Latro pistolia in functionariis dirigit.

Lösung: Latro: 1b; 2d; 3e; 4f; 5c; 6a

Latine loqui cum patre filioque (E.O.Plauen)

Leo liberatus

Der Löwe ist los!, *Berliner Illustrirte* 8/1937

Vocabula:

Bild: pictura, -ae f. / imago, imaginis f.

Vater: pater, patris m.

Sohn: filius, -i m.

Irgendjemand: aliquis m.

Traktor: machina tractoria f.;

Käfig: cavea, -ae f.

Löwe: leo, leonis m.

zerbrechen: frangere, frango, fregi, fractum

zusammenstoßen: collidere, -do, -di, -isum

Litfaßsäule: columna Litfassiana f.

Litfaßsäule: columna praeconia f.

weglaufen: aufugere, aufugio, aufugi, -

Hase: lepus, leporis m

brüllen: clamare, -o, -avi, -atum ; / mugire, mugio

erschrecken: terrēre, terrēo, terrui, territum

sich fürchten: timēre, timēo, timui

wildes Tier: bestia, -ae f.

zu Hause: domi

nach Hause: domum

jagen, hetzen: agitare, -o, -avi, -atum

rennen: currere, curro, cucurri, cursum

sich verbergen: (se) abdere, abdo, abdidi, abditum

Tür: porta, ae- f.

Fenster: fenestra, -ae f.

stutzen, staunen: stupēre, stupēo, stupui, -

aufhängen: suspendere, -do, -di, suspensum

Leo liberatus – schriftliche Aufgaben

I. Insere verba absentia!

1. Machina tractoria caveam leonis frangit et bestia _____ .

2. Leo patrem filiumque videt et cum eis ludere _____ .

3. Pater filiusque ad columnam Litfassianam currunt et _____ .

4. Sed Leo eos invenit, mugit et patrem filiumque valde _____ .

5. Timore moti pater filiusque sicut lepores _____ et leo _____ .

6. Pater filiusque domum currunt et leo eos _____ .

7. Tabulam in portam pendent: „Domi non _____.“

II. Inscribe recta responsa (littera)!

1. Quis aut quid frangit caveam leonis?
2. Quid vult leo?
3. Ubi abdunt pater filiusque?
4. Cur timent pater filiusque?
5. Quomodo currunt pater filiusque?
6. Quo currunt pater filiusque?
7. Potestne leo tabulam legere?

a. Leo liberatus cum patre filioque ludere vult.
b. Machina tractoria caveam leonis frangit.
c. Pater filiusque timent, nam Leo valde mugit.
d. Leo tabulam legere non potest.
e. Pater filiusque domum fugiunt.
f. Pater filiusque post columnam Litfassianam se abdunt.
g. Pater filiusque sicut lepores currunt.

Lösung: Leo liberatus: 1b; 2a; 3f; 4c; 5g; 6e; 7d

Ludus ad mare

Vocabula:

Spiel, Spaß: ludus, -i m.

Meer: mare, maris n.

Vater: pater, patris m.

Sohn: filius, -i m.

Wasser: aqua, -ae f.

Stein: saxum, -i n.

werfen: mittere, mitto, misi, missum

sich freuen: gaudēre, gaudēo, gavisus sum

letzte: ultimus, -a, -um

suchen: quaerere, quaero, quaesivi, quaesitum

traurig: tristis, -e

Sonnenuntergang: sole cadente

Nacht: nox, noctis f.

nachts, in der Nacht: nocte

bringen: portare, -o, -avi, atum; ferre, fero, tuli, latum

Schubkarre: pabo, pabonis m.

schwitzen: sudare, -o, -avi, -atum

Berg: mons, montis m.

Haufen: acervus, -i m.

gewaltig, riesig: ingens, ingentis

zufrieden: contentus, -a, -um

groß: magnus, -a, -um

lächeln: subridēre, subridēo, subrisi, subrisum

nach Hause: domum

Ludus ad mare – schriftliche Aufgaben

I. Insere verba absentia!

1. Saxa a filio in aquam _____ .

2. Saxa etiam a patre in aquam _____ .

3. Saxum ultimum a filio _____ .

   Altera saxa a patre _____ .

4. Sole occidente pater filiusque domum_____.

5 Multa saxa nocte a patre pabone _____.

6 Postridie mons saxorum in ora / ad mare _____ .

7. Pater filiusque de saxis _____ .

II. Inscribe recta responsa (littera)!

1. A quo primo saxa in aquam mittuntur?

2. A quo tum saxa in aquam mittuntur?

3. Quid a patre quaeritur?

4. A quo multa saxa apportantur?

5. Quomodo multa saxa ad mare apportantur?

a. Primo saxa a filio in aquam mittuntur.

b. Tum saxa a patre in aquam mittuntur.

c. Alia saxa a patre quaeruntur.

d. Multa saxa a patre apportantur.

e. Saxa a patre cum pabone ad mare apportantur.

Lösung: Ludus ad mare: 1a; 2b; 3c; 4d; 5e

Latine loqui cum patre filioque (E.O.Plauen)

Malum ultimum

Vocabula:

Bild: pictura, -ae f.; / imago, imaginis f.

Vater: pater, patris m.

Sohn: filius, -i m.

Apfel: malum, -i n.

Baum: arbor, arboris f.

Stock, Gehstock: = baculum, -i n.

werfen: mittere, mitto, misi, missum

Kopf: caput, capitis n.

hinaufklettern: ascendere, -do, -di, ascensum

Schuh: calceus, -i m.

gelangen zu: pervenire ad

heranziehen: attrahere, attraho, attraxi, attractum

Ast, Zweig: ramus, -i m.

jmd. treffen: tangere, tango, tetigi, tactum

versuchen: studere, studeo, studui, -

Herbst: autumnus, -i m.

spazierengehen: ambulare, -o, -avi -atum

holen: arcessere, arcesso, arcessivi, arcessitum

fallen: cadere, cado, cecidi, -

nach Hause: domum

zurückgehen: redire, redeo, redii, reditum

irgendwann: aliquando

einzelner: singularis, singulare

schütteln: quassare, -o, -avi -atum,

sich biegen: se flectere

Bemühung: labor, laboris m.

schließlich, zuletzt: postremo

dann, darauf, danach: tum

hängenbleiben: haerēre, haerēo, haesi

Malum ultimum

I. Insere verba absentia!

1. Pater filiusque ambulant et malum in arbore _____ .

2. Filius baculum ad malum mittit sed patrem in capite _____ .

3. Tum pater arborem ascendere studet, sed malum capere _____ .

4. Pater calceum ad malum mittit, sed calceus in arbore _____ .

5 Pater calceum ex arbore arcessere _____ .

6 Tum pater filiusque tristes domum _____ et malum _____ .

II. Inscribe recta responsa (littera)!

1. Quid vident pater filiusque in arbore?
2. Quid mittit filius ad malum in arbore?
3. Quid facit pater in imagine tertia?
4. Quid mittit pater ad malum in arbore?
5. Potestne pater malum capere ?
6. Pater filiusque domum eunt et quid facit malum?

a. Pater filiusque tristes domum eunt et malum cadit.
b. Pater arborem ascendit et malum capere vult.
c. Pater malum capere non potest in pictura quinta.
d. Pater filiusque unum malum in arbore vident.
e. Filius mittit baculum ad malum in arbore.
f. Pater mittit calceus ad malum in arbore.

Lösung: Malum ultimum: 1d; 2e; 3b; 4f; 5c; 6a

Pacificator

Vocabula:

Friedensstifter: pacificator, -oris m.

Vater: pater, patris m.

Sohn: filius, -i m.

Junge: puer, pueri m.

sich prügeln: se verberare

weinen: flēre, flēo, flēvi; / lacrimare, -o, -avi, -atum

erzählen: narrare, -o, -avi, -atum

eilen: properare, -o, -avi, -atum

Gegner: adversarius, -i m.

Arena: arena, -ae f.

zanken, streiten: litigare, -o, -avi, -atum

Wort: verbum, -i n.

beschreiben: describere, -o, descripsi, descriptum

zuhören: auscultare / audire.

aufmerksam: attente

schubsen, stoßen: pellere / icere

zuschauen: spectare

gegenseitig: alter alterum

andere: alter, altera, alterum

spielen: ludere

Murmeln: globulus, -i (vitreus) m

dann, darauf: tum

schon lange: iam diu

Erwachsener: adultus, -i m.

gegenseitig: inter se

Streit: controversia, -ae f.

Pacificator – schriftliche Aufgaben

I. Insere verba absentia!

1.   Filius et puer alter se _____ .

2.   Filius ad patrem currit et flet et patri de puero altero _____ .

3.   Statim pater cum filio ad alterum puerum et eius patrem _____ .

4.   Ambo patres litigare _____ et pueri _____ .

5   Tum patres etiam _____ incipiunt.

6   Paulo post patres adhuc _____ , sed pueri iam diu globulis _____ .

II. Inscribe recta responsa (littera)!

1.   Quid faciunt pueri in pictura prima?

2.   Quid facit filius?

3.   Quo currunt pater filiusque?

4.   Quis clamat in pictura quarta, quis spectat?

5.   Quid faciunt patres?

6.   Litigantne adhuc pueri?

a.   Modo patres clamant et pueri spectant.

b.   Filius et alter puer se verberant.

c.   Patres se verberant.

d.   Filius flet et patri de altero puero narrat.

e.   Pueri non iam litigant, sed cum globulis ludunt.

f.   Pater filiusque ad alterum patrem filiumque currunt.

Lösung: Pacificator: 1b; 2d; 3f; 4a; 5c; 6e

provocatio infelix

Vocabula:

Herausforderung: provocatio, -onis f.
mißglückt: infelix, infelicis
Vater: pater, patris m.
Sohn: filius, -i m.
Sessel: sella, -ae f.
Zeitung: diurnum, -i n.
Zeitung: ephemeris, ephemeridis f.
Pfeife: pipa, -ae f.; / fumisugium, -i n.
rauchen: fumare, -o, -avi, -atum
anzünden: incendere, -o, -i, -censum
herumspazieren: circumambulare, -o, -avi, -atum
Streichholz: sulphuratum, -i n.
ignorieren: neglegere, -go, -exi, -lectum
bestrafen: punire, -io, -ivi, -itum
eilen: properare, -o, -avi, -atum

zeigen: monstrare, -a, -avi, -atum
hochheben, hochhalten: tollere, tollo, sustuli, sublatum
nachahmen: simulare, -o, -avi, -atum
Erwachsener : adultus, -i m.
mire: seltsam, merkwürdig
Hintern: podex, podicis m.
Hintern halten: podicem tenēre, teneō, tenui, tentum
rennen: currere, curro, cucurri, cursum
müssen: debēre, debeō, debui
bemerken: animadvertere, -verto, -verti, -versum
auf die Toilette gehen: latrinam adire, adeo, adii, aditum
plötzlich: subito
gut gehen: valēre, valeo, valui; bene se habēre, habeō, habui
Zeitung: acta diurna n.pl.
beachten: observare, -o, -avi, -atum

Provocatio infelix – schriftliche Aufgaben

I. Insere verba absentia!

1.   Pater ephemeridem _____ et filius pipam patris clam _____ .

2.   Tum filius patrem pipam fumantem _____ .

3.   Filius se pipam fumare _____ .

4.   Pater filium non _____ .

5   Tum filius _____ et mire _____ .

6   Subito filius podicem suum _____ et latrinam _____ debet.

II. Inscribe recta responsa (littera)!

1.   Quid facit pater in prima pictura?
2.   Quid facit filius in prima pictura?
3.   Quis fumat pipam?
4.   Videtne pater filium?
5.   Valetne puer?
6.   Quo currit filius?

a.   Filius non valet, nam mire stat.
b.   Filius pipam incendit.
c.   Pater in sella sedet et ephemeridem legit.
d.   Filius ad latrinam currit, nam podicem tenet.
e.   Filius pipam fumat.
f.   Pater filium non videt, modo ephemeridem legit.

Lösung: Provocatio infelix: 1c; 2b; 3e; 4f; 5a; 6d

Scriptum malum

Vocabula:

Aufsatz: scriptum scholasticum n.
Vater: pater, patris m.
Sohn: filius, -i m.
schlecht: malus, -a, -um
Tisch: mensa, -ae f.
denken, nachdenken: cogitare, -o, -avi, -atum
schreiben: scribere, scribo, scripsi, scriptum
Heft: libellus, -i m.
helfen: adiuvare, adiuvo, adiuvi, adiutum
Feder: penna, -ae f.
Tinte: atramentum, -i n.
Schule: schola, -ae f. / ludus-i m.

Klasse: classis, -is f.
hochheben, hochhalten: tollere, tollo, sustuli, sublatum
Lehrer: magister, magistri m.
Ohr: auris, -is f.
mitnehmen: secum ducere, duco, duxi, ductum
sich unterhalten: colloqui, collquor, collocutus sum
ein Gespräch führen: sermonem habēre, habēo, habui
Hintern: podex, podicis m.
Hintern versohlen: podicem verberare, -o, -avi, -atum
Hausaufgabe: pensum, -i n.
Tisch: mensa, -ae f.
einfallen: in mentem venire, venio, veni, ventum

Latine loqui cum patre filioque (E.O.Plauen)

Scriptum malum

I. Insere verba absentia!

1.   Filius scriptum scholasticum scribere _____ .

2.   Pater filium _____. et pro ei scriptum in libello scholastico _____.

3.   Proximo die magister libellum _____ et scriptum _____ .

4.   Magister libellum _____ et filium _____.

5   Magister filium domum _____ et cum patre colloqui _____.

6   Scriptum tam malum _____, ut patri podicem a magistro _____.

II. Inscribe recta responsa (littera)!

1.   Ubi sedet filius?

2.   Quid facit pater?

3.   Quot discipuli in classi filii sunt?

4.   Quid vides hac imagine?

5.   Quocum magister colloqui vult?

6.   Cui podex a magistro verberatur?

a.   Tres discipuli in classi filii sunt.

b.   Magister libellum filii tenet et puerum aliquo ducit.

c.   Filius antem mensam sedet.

d.   Cum patre magister colloqui vult.

e.   Patri podex a magistro verberatur.

f.   Pater in libellum filii scribit.

Lösung: Scriptum malum: 1c; 2f; 3a; 4b; 5d; 6e

Arten der Musterlösungen

Alapa familiaris - Musterlösungen

1. **Fragen und Antworten** zur Bildergeschichte

(01) Quid faciunt pater filiusque?

(02) Quid habet (gerit) proavus?

(03) Quid proavus in animo habet (vult) ?

(04) Quid accidit (videtis) in (pictura) imagine quattuor?

(05) Cur proavus iratus est ?

(06) Quid facit avus?

(07)Quid facit pater?

2. Mündliches Übersetzen im **Präsens Aktiv**

(01) Pater filiusque avum **visitant**. Filius avum **salutat**.

(02) Tum avus, pater filiusque proavum **visitant**. Filius etiam proavum **salutat**.

(03) Proavus alios photagraphare **in animo habet (vult)**. Alii iuxta florem **consistunt**.

(04) Sed subito avus, pater filiusque **cadunt** et florem **evertunt**.

(05) Flos **fractus est** et proavus iratus avo **alapam dat (ducit)**.

(06) Avus ergo patri **alapam dat (ducit)**.

(07) Deinde pater filio **alapam dat (ducit)**.

3. Mündliches Übersetzen im **Präsens Passiv**

(01) Avus a patre filioque **visitatur**. Avus a filio **salutatur**.

(02) Tum proavus ab avo, patre filioque **visitatur**. Proavus etiam a filio **salutatur** .

(03) Videmus avum, patrem filiumque a proavo iuxta florem **photographari**.

(04) Subito avus, pater filiusque **cadunt** et flos **evertitur**.

(05) Avo alapa datur, quia flos **fractus est**.

(06) Tum patri ab avo alapa **datur**.

(07) Postremo filio a patre alapam **datur**.

Alapa familiaris

4. Mündliches Übersetzen im **Imperfekt**

(01) *Pater filiusque avum **visitabant**. Filius avum **salutabat**.*

(02) *Tum avus, pater filiusque proavum **visitabant**. Filius proavum **salutabat**.*

(03) *Proavus alios photagraphare **in animo habebat (volebat)**. Alii iuxta florem* **consistebant**.

(04) *Sed subito avus, pater filiusque **cadebant** et florem **evertebant**.*

(05) *Vas florale **frangebat** et proavus iratus avo **alapam dabat**.*

(06) *Avus ergo patri **alapam dabat**.*

(07) *Deinde pater filio **alapam dabat**.*

5. Mündliches Übersetzen im **Futur I**

(01) *Pater filiusque avum **visitabunt**. Filius avum **salutabit**.*

(02) *Tum avus, pater filiusque proavum **visitabunt**. Filius proavum **salutabit**.*

(03) *Proavus alios photagraphare **in animo habebit (volet)**. Alii iuxta florem **consistent**.*

(04) *Sed subito avus, pater filiusque **cadent** et florem **evertent**.*

(05) *Vas florale **franget** et proavus iratus avo **alapam dabit**.*

(06) *Avus ergo patri **alapam dabit**.*

(07) *Deinde pater filio **alapam dabit**.*

6. Mündliches Übersetzen im **Perfekt**

(01) *Pater filiusque avum **visitaverunt**. Filius avum **salutavit**.*

(02) *Tum avus, pater filiusque proavum **visitaverunt**. Filius etiam proavum **salutavit**.*

(03) *Proavus alios photagraphare **in animo habuit (voluit)**. Alii iuxta florem **constiterunt**.*

(04) *Sed subito avus, pater filiusque **ceciderunt** et florem **everterunt**.*

(05) *Vas florale **fregit** et proavus iratus avo **alapam dedit**.*

(06) *Avus ergo patri **alapam dedit**.*

(07) *Deinde pater filio **alapam dedit**.*

7. Mündliches Übersetzen im **Plusquamperfekt**

(01) *Pater filiusque avum **visitaverant**. Filius avum **salutaverat**.*

(02) *Tum avus, pater filiusque proavum **visitaverant**. Filius etiam proavum **salutaverat**.*

(03) *Proavus alios photagraphare **in animo habuerat**. Alii iuxta florem **constiterant**.*

(04) *Sed subito avus, pater filiusque **ceciderant** et florem **everterant**.*

(05) *Vas florale **fregerat** et proavus iratus avo **alapam dederat**.*

(06) *Avus ergo patri **alapam dederat**.*

(07) *Deinde pater filio **alapam dederat**.*

Alapa familiaris

8. Mündliches Übersetzen im **Futur II**

*(01) Pater filiusque avum **visitaverint**. Filius avum **salutaverit**.*

*(02) Tum avus, pater filiusque proavum **visitaverint**. Filius etiam proavum **salutaverit**.*

*(03) Proavus alios photagraphare **in animo habuerit (voluerit)**.*
    *Alii iuxta florem **constiterint**.*

*(04) Sed subito avus, pater filiusque **ceciderint** et florem **everterint**.*

*(05) Vas florale **fregerit** et proavus iratus avo **alapam dederit**.*

*(06) Avus ergo patri **alapam dederit**.*

*(07) Deinde pater filio **alapam dederit**.*

9. Mündliches Übersetzen mit **AcI**

(01) Video **patrem filiumque avum visitare et filium avum salutare**.

(02) Video **avum, patrem filiumque proavum visitare et filium proavum salutare**.

(03) Puto **proavum alios photagraphare in animo habere (velle),** nam alii iuxta florem consistunt.

(04) Sed subito videmus **avum, patrem filiumque cadere et florem evertere**.

(05) **Vas florale fregisse et proavum iratum avo alapam dare** videmus.

(06) **Tum avum patri alapam dare** videmus.

(07) Deinde videmus **patrem filio alapam dare**.

10. Mündliches Übersetzen mit **PC** oder **Abl abs**

(01) **Patre filioque avum visitantibus** filius avum salutat.

(02) **Avo, patre filioque postea proavum visitantibus** filius proavum etiam salutat.

(03) Proavus **avum, patrem filiumque iuxta florem stantes** photagraphare vult.

(04) Subito **avus, pater filiusque cadentes** florem evertunt.

(05) Proavus avo propter **vas floralem fractum** alapam dat.

(06) Tum avus patri propter **vas floralem fractum** alapam dat.

(07) Postremo pater filio propter **vas floralem fractum** alapam dat.

11. Mündliches Übersetzen mit **Relativsatz**

(01) Filius, **qui una cum patre avum visitat,** eum salutat.

(02) Filius, **qui postea una cum avo et patre proavum visitat,** etiam eum saltat.

(03) Avus, pater filiusque, **quos proavus photagraphare vult,** iuxta florem consistunt.

(04) Avus, pater filiusque, **qui cadunt,** vas florale evertunt.

(05) Proavus, **qui propter vas florale fractum iratus est,** avo alapam dat.

(06) Avus, **qui propter alapam proavi iratus est,** patri alapam dat.

(07) Pater, **qui propter alapam avi iratus est,** deinde filium alapam dat.

12. Mündliches Übersetzen mit ,sed oder autem

(01) Pater filiusque avum visitant, **sed solum filius eum salutat.**

(02) Postea avus, Pater filiusque proavum visitant, **sed solum filius etiam eum salutat.**

(03) Avus, pater filiusque iuxta florem consistunt, **proavus autem eos photographare vult.**

(04) Proavus photomachinam tenet, **sed tum avus pater filiusque cadunt.**

(05) Nescio, quis florem evertat, **sed proavus avo alapam dat.**

(06) Nescio cur, **avus autem patri alapam dat.**

(07) Filius minimus natu est, **sed pater ei etiam alapam dat.**

13. Mündliches Übersetzen mit Präpositionalausdrücken

(01) Pater **cum filio ad avum** eunt.

(02) Tum avus **una cum patre filioque ad proavum** eunt.

(03) Avus, pater filius **iuxta florem** consistunt, nam proavus eos photographare vult.

(04) Dum proavus photomachinam **cum manibus** tenet, ceteri cadunt.

(05) Etiam flos cadit, quia viri **prope eam** stat.

(06) Proavus **coram filio** avo alapam dat et avus patri alapam dat.

(07) Postremo filius **a patre** alapam accipit.

14. Mündliches Übersetzen mit indirekter Rede aus der Sicht des Vaters

(01) Pater narravit **se filiumque avum visitavisse et filius avum salutavisse.**

(02) Tum narravit **se cum avo filioque etiam proavum visitavisse et filium etiam proavum salutavisse.**

(03) Pater dixit **proavum ceteros photographare voluisse. Itaque ceteros apud florem constitisse.**

(04) **Subito ceteros cecidisse** ut pater narravit.

(05) Pater dixit **proavum iratum fuisse, quia vas florale fregisse. Itaque avo alapam dedisse.**

(06) **Tum avum patri alapam dedisse.**

(07) **Postremo patrem filio alapam dedisse.**

Alapa familiaris

15. Mündliches Übersetzen mit **indirekter Rede** aus der Sicht des Sohnes

(01) Filius narravit **se patremque avum visitavisse et se avum salutavisse.**

(02) Tum narravit **se cum avo patreque etiam proavum visitavisse et se etiam proavum salutavisse.**

(03) Filius dixit **proavum ceteros photographare voluisse. Itaque ceteros apud florem constitisse.**

(04) **Subito ceteros cecidisse** ut filius narravit.

(05) Filius **dixit proavum iratum fuisse, quia vas florale fregisse. Itaque avo alapam dedisse.**

(06) **Tum avum patri alapam dedisse.**

(07) **Postremo patrem sibi alapam dedisse.**

16. Mündliches Übersetzen mit **direkter Rede** aus der Sicht des Vaters

(01) Pater narravit: »Heri cum filio avum visitavi et filius avum salutavit.

(02) Tum cum avo filioque etiam proavum visitavimus et filium etiam proavum salutavit.

(03) Proavus nos ceteros photographare voluit. Itaque nos apud florem constitimus.

(04) Subito nos cecidimus.

(05) Proavus iratus fuit, quia flos fregit. Itaque avo alapam dedit.

(06) Tum avus mihi alapam dedit.

(07) Postremo filio alapam duxi. «

17. Mündliches Übersetzen mit **direkter Rede** aus der Sicht des Sohnes

(01) Filius narravit: »Heri cum patre avum visitavi et avum salutavi.

(02) Tum cum avo patreque etiam proavum visitavimus et etiam proavum salutavi.

(03) Proavus nos ceteros photographare voluit. Itaque nos apud florem constitimus.

(04) Subito nos cecidimus.

(05) Proavus iratus fuit, quia vas floralem fregit. Itaque avo alapam dedit.

(06) Tum avus patri alapam dedit.

(07) Postremo pater mihi alapam dedit. «

Bene cogitatum – Musterlösungen

1. **Fragen und Antworten** zur Bildergeschichte

(01) Quid faciunt pater filiusque?

(02) Quid portat pater?

(03) Quid habet pater in animo? Quid facit filius?

(04) Quo eunt pater filiusque cum situla?

(05) Quid faciunt apud stagnum?

(06) Quid accidit in aqua?

2. Mündliches Übersetzen im **Präsens Aktiv**

(01) Pater filiusque ad stagnum piscem cum rete **capiunt**.

(02) Tum pater piscem in situla domum **portat**.

(03) Domi pater piscem mactare **vult**. Filius pisci in oculis **spectat** et **flet**.

(04) Itaque piscem ad stagnum **reportant**.

(05) Ibi piscem in aquam **dimittunt** et filius **gaudet**.

(06) Subito piscis maior **appropinquat** et piscem minorem **devorat**.

3. Mündliches Übersetzen im **Präsens Passiv**

(01) Ad stagnum piscis a patre filioque cum rete **capitur**.

(02) Tum piscis a patre in situla domum **portatur**.

(03) Domum pater piscem **mactari** vult. Pisci a filio in oculis **spectatur**.

(04) Itaque piscis ad stagnum **reportatur**.

(05) Ibi piscis in aquam **dimittitur** et filius **delectatur**.

(06) Subito piscis a pisce maiore **devoratur**.

Bene cogitatum

4. Mündliches Übersetzen in den Zeiten **Imperfekt**

(01) Pater filiusque ad stagnum piscem cum rete **capiebant**.
(02) Tum pater piscem in situla domum **portabat**.
(03) Domi pater piscem mactare **volebat**. Filius pisci in oculis **spectabat** et **flebat**.
(04) Itaque piscem ad stagnum **reportabant**.
(05) Ibi piscis in aquam **dimittebatur** et pater filiusque **gaudebant**.
(06) Subito piscis maior **appropinquabat** et piscem minorem **devorabat**.

5. Mündliches Übersetzen in den Zeiten **Futur I**

(01) Pater filiusque ad stagnum piscem cum rete **capient**.
(02) Tum pater piscem in situla domum **portabit**.
(03) Domi pater piscem mactare **volet**. Filius pisci in oculis **spectabit** et **flebit**.
(04) Itaque piscem ad stagnum **reportabunt**.
(05) Ibi piscem in aquam **dimittent** et filius **gaudebit**
(06) Subito piscis maior **appropinquabit** et piscem minorem **devorabit**

6. Mündliches Übersetzen im **Perfekt**

(01) Pater filiusque ad stagnum piscem cum rete **ceperunt**.
(02) Tum pater piscem in situla domum **portaverunt**.
(03) Domi pater piscem mactare **voluit**. Filius pisci in oculis **spectavit** et **flevit**.
(04) Itaque piscem ad stagnum **reportaverunt**.
(05) Ibi piscem in aquam **dimiserunt** et filius **gavisus est**.
(06) Subito piscis maior **appropinquavit** et piscem minorem **devoravit** .

7. Mündliches Übersetzen im **Plusquamperfekt**

(01) Pater filiusque ad stagnum piscem cum rete **ceperant**.
(02) Tum pater piscem in situla domum **portaverant**.
(03) Domi pater piscem mactare **voluerat**. Filius pisci in oculis **spectaverat** et **fleverat**.
(04) Itaque piscem ad stagnum **reportaverant**.
(05) Ibi piscem in aquam **dimiserant** et filius **gavisus erat**.
(06) Subito piscis maior **appropinquaverat** et piscem minorem **devoraverat**.

Bene cogitatum

8. Mündliches Übersetzen im **Futur II**

(01) Pater filiusque ad stagnum piscem cum rete **ceperint**.

(02) Tum pater piscem in situla domum **portaverint**.

(03) Domi pater piscem mactare **voluerit**. Filius pisci in oculis **spectaverit** et **fleverit**.

(04) Itaque piscem ad stagnum **reportaverint**.

(05) Ibi piscem in aquam **dimiserint** et filius **gavisus erit**.

(06) Subito piscis maior **appropinquaverit** et piscem minorem **devoraverit**.

9. Mündliches Übersetzen mit **AcI**.

(01) Video **patrem filiumque ad stagnum cum rete piscem capere**.

(02) Tum videmus **patrem filiumque piscem in situla domum portare**.

(03) **Domi patrem piscem mactare velle** videtur.
   Video **filium pisci in oculis spectare et flere**.

(04) Itaque puto **eos piscem ad stagnum reportare**.

(05) Videmus **patrem filiumque ibi piscem in aquam dimittere et filius gaudere**.

(06) Subito videmus **piscem maiorem appropinquare et piscem minorem devorare**.

10. Mündliches Übersetzen mit **PC** oder **Abl abs**.

(01) **Pater filiusque ad stagnum stantes** piscem cum rete capiunt.

(02) Tum **piscem captum** in situla domum portant.

(03) Domum pater **piscem captum** mactare vult. **Filius piscem in oculis spectans** flet.

(04) Itaque pater filiusque piscem **captum** ad stagnum reportant.

(05) **Pater filiusque piscem in aquam demittentes** gaudent.

(06) Sed **piscis maior subito appropinquatus** piscem minorem devorat.

11. Mündliches Übersetzen mit **Relativsatz**.

(01) Pater filiusque, **qui ad stagnum stant**, piscem cum rete capiunt.

(02) Piscem, **quem in situla portant**, superbe domum ferunt.

(03) Pater, **qui piscem domi mactare vult**, filium piscem in oculos spectare et flere videt.

(04) Pater filiusque, **qui piscem non iam necare volunt**, animal ad stagnum referunt.

(05) Pater filiusque contente piscem spectant, **quem in aquam dimittunt**.

(06) Subito piscis maior, **qui clam appropinquavit**, piscem minorem devorat.

Bene cogitatum

12. Mündliches Übersetzen mit ,sed oder autem.

(01) Pater filiusque non manibus **sed** cum rete piscem capiunt .

(02) Pater piscem in situla domum fert, **sed** filius tantum piscem spectat.

(03) Pater piscem mactare in animo habet, filius **autem** pisci in oculos spectat et flet.

(04) Pater piscem ad stagnum refert, filius **autem** valde gaudet.

(05) Pater piscem in stagnum dimittit, **sed** fortuna ei non favet.

(06) Piscis nunc liber est, **sed** piscis maior clam appropinquat et eum devorat.

13. Mündliches Übersetzen mit **Präpositionalausdrücken**.

(01) Pater filiusque **ad stagnum** piscem **cum rete ex aqua** capiunt.

(02) Tum Pater **cum filio** piscem **in situla ab stagno ad domum** portat.

(03) Domum pater piscem **in mensa cum cultro** necare vult. Filius pisci **in oculos** spectat et flet.

(04) Ergo pater **cum filio** piscem **in situla ad stagnum** refert.

(05) Pater piscem **e situla in aquam** dimittit. Filius **ante stagnum** stat et gaudet.

(06) Subito vident piscem maiorem **in aqua** piscem minorem devorare.

14. Mündliches Übersetzen mit **indirekter Rede** aus der Sicht des Vaters

(01) Pater narravit **se filiumque ad stagnum piscem cum rete ex aqua cepisse.**

(02) Tum narravit **se cum filio piscem in situla ab stagno ad domum portavisse.**

(03) Pater dixit **se piscem cum cultro in mensa mactare voluisse, sed filium flevisse.**

(04) **Se itaque piscem ad stagnum retulisse** pater narravit.

(05) Pater dixit **se piscem e situla in aquam demisisse et ambo felici fuisse.**

(06) **Subito autem piscem maiorem apparuisse et piscem minorem devoravisse** pater dixit.

15. Mündliches Übersetzen mit **indirekter Rede** aus der Sicht des Sohnes

(01) Filius narravit **se patremque ad stagnum piscem cum rete ex aquo cepisse.**

(02) Tum narravit **se cum patre piscem in situla ab stagno ad domum portavisse.**

(03) Filius dixit **patrem cum cultro in mensa necare voluisse et se valde flevisse.**

(04) **Se itaque piscem ad stagnum retulisse** filius narravit.

(05) Filius dixit **se piscem e situla in aquam demisisse et ambos felicos fuisse.**

(06) **Subito autem piscem maiorem apparuisse et piscem minorem devoravisse** puer dixit.

16. Mündliches Übersetzen mit **direkter Rede** aus der Sicht des Vaters

(01) Pater narravit: »Heri filius egoque ad stagnum piscem cum rete ex aqua cepimus.«

(02) »Tum piscem una in situla a stagno ad domum portavimus.«

(03) »Postea piscem in mensa cum cultro mactare volui, sed filius piscem aspexit et flevit.«

(04) »Ergo piscem iterum ad stagnum reportavimus.«

(05) »Tum piscem e situla in aquam dimisimus et ambo felici fuimus.«

(06) »Sed subito piscis maior appropinquavit et piscem minorem devoravit.«

17. Mündliches Übersetzen mit **direkter Rede** aus der Sicht des Sohnes

(01) Filius narravit: »Heri pater egoque ad stagnum piscem cum rete ex aqua cepimus.«

(02) »Tum pater egoque piscem in situla a stagno ad domum portavimus.«

(03) »Postea pater piscem in mensa cum cultro necare voluit, sed ego valde flevi.«

(04) »Ergo piscem iterum ad stagnum reportavimus. «

(05) »Tum piscem e situla in aquam dimisimus et ambo felici fuimus.«

(06) »Sed subito piscis maior appropinquavit et piscem minorem devoravit.«

Exemplum bonum – Musterlösungen

1. **Fragen und Antworten** zur Bildergeschichte

(01) Ubi sunt pater filiusque?

(02) Quid facit pater?

(03) Ubi sedet pater?

(04) Quid facit dentarius, quid facit pater?

(05) Quid accidit in pictura quinta ?

(06) Quid tenet dentarius, quid dicit pater?

2. Mündliches Übersetzen im **Präsens Aktiv**

(01) Pater filiusque apud medicum dentarium **sunt**. Filius in sella dentaria **sedet** et **clamat**. Dentarius forcipem in manu **tenet**.

(02) Pater denique fiium e sella **dimittit** et ipse ibi **consedit**.

(03) Pater digitum indicem **tollit** et filium **monet**.

(04) Medicus dentarius in ore patris **inspicit** et dentes eius **spectat**.

(05) Dentarius patri aliquid **explicat**.

(06) Denique dentarius iterum forcipem **capit** et pater etiam valde **clamat**.

3. Mündliches Übersetzen im **Präsens Passiv**

(01) Dentarius a patre filioque **visitatur**. Forceps filio a dentario **monstratur**. Filius in sella dentaria sedet et valde clamat.

(02) Filius denique a patre e sella dentaria **dimittitur** et pater ipse ibi consedit.

(03) Filius a patre digito sublato **monetur**.

(04) Dentes patris a medico dentario **inspiciuntur**.

(05) Aliquid patri a dentario **explicatur**.

(06) Denique forceps iterum a dentario **capitur** et pater etiam valde clamat.

Exemplum bonum

4. Mündliches Übersetzen im **Imperfekt**

(01) Pater filiusque dentarium **visitabant**. Filius in sella dentaria **sedebat** et **clamabat**. Dentarius forcipem in manu **tenebat**.

(02) Pater denique filium e sella **dimittebat** et ipse ibi **consedebat**.

(03) Pater digitum indicem **tollebat** et filium **monebat**.

(04) Medicus dentarius in orem patris **spectabat** et dentes eius **inspiciebat**.

(05) Dentarius patri aliquid **explicabat**.

(06) Denique dentarius iterum forcipem **capiebat** et pater etiam valde **clamabat**.

5. Mündliches Übersetzen im **Futur I**

(01) Pater filiusque dentarium **visitabunt**. Filius in sella dentaria **sedebit** et **clamabit**. Dentarius forcipem in manu **tenebit**.

(02) Pater denique filium e sella **dimittet** et ipse ibi **considet**.

(03) Pater digitum indicem **tollet** et filium **monebit**.

(04) Medicus dentarius in orem patris **spectabit** et dentes eius **inspiciet**.

(05) Dentarius patri aliquid **explicabit**.

(06) Denique dentarius iterum forcipem **capiet** et pater etiam valde **clamabit**.

6. Mündliches Übersetzen im **Perfekt**

(01) Pater filiusque dentarium **visitaverunt**. Filius in sella dentaria **sedit** et **clamavit**. Dentarius forcipem in manu **tenuit**.

(02) Pater denique filium e sella **misit** et ipse ibi **consedit**.

(03) Pater digitum indicem **sustulit** et filium **monuit**.

(04) Medicus dentarius in orem patris **spectavit** et dentes eius **inspexit**.

(05) Dentarius patri aliquid **explicavit**.

(06) Denique dentarius iterum forcipem **cepit** et pater etiam valde **clamavit**.

7. Mündliches Übersetzen im **Plusquamperfekt**

(01) Pater filiusque dentarium **visitaverant**. Filius in sella dentaria **sederat** et **clamaverat**.Dentarius forcipem in manu **tenuerat**.

(02) Pater denique filium e sella **dimiserat** et ipse ibi **consederat**.

(03) Pater digitum indicem **sustulerat** et filium **monuerat**.

(04) Medicus dentarius in orem patris **spectaverat** et dentes eius **inspexerat**.

(05) Dentarius patri aliquid **explicaverat**.

(06) Denique dentarius iterum forcipem **ceperat** et pater etiam valde **clamaverat**.

Exemplum bonum

8. Mündliches Übersetzen im **Futur II**

(01) Pater filiusque dentarium **visitaverint**. Filius in sella dentaria **sederit** et **clamaverit**. Dentarius forcipem in manu **tenuerit**.

(02) Pater denique filium e sella **dimiserit** et ipse ibi **consederit**.

(03) Pater digitum indicem **sustulerit** et filium **monuerit**.

(04) Medicus dentarius in orem patris **spectaverit** et dentes eius **inspexerit**.

(05) Dentarius patri aliquid **explicaverit**.

(06) Denique dentarius iterum forcipem **ceperit** et pater etiam valde **clamaverit**.

9. Mündliches Übersetzen mit **AcI**

(01) Videmus **patrem filiumque dentarium visitare et filium in sella dentaria sedere et flēre**. Etiam videmus **dentarium forcipem in manu tenēre**.

(02) **Patrem denique filium e sella mittere et ipse ibi considere** videmus.

(03) Cognoscimus **patrem digitum indicem tollere et filium monēre**.

(04) Nunc cognoscimus **medicum dentarium in orem patris spectare et dentes eius inspicere**.

(05) **Dentarium patri aliquid explicare** videmus.

(06) Denique videmus **dentarium iterum forcipem capere et patrem etiam valde clamare**.

10. Mündliches Übersetzen mit **PC** oder **Abl abs**

(01) Pater filiusque apud dentarium sunt. Filius valde **clamans** in sella dentaria sedet. Medicus dentarius forcipem **tenens** filium aspicit.

(02) Pater adiuvare **volens** filium e sella dentaria dimittit.

(03) Pater digitum indicem **tollens** filium monet.

(04) **Patre digitum tollente** dentarius in eius orem spectat et eius dentes inspicit.

(05) Dentarius aliquid patrem dolores **timentem** explicat.

(06) **Dentario iterum forcipem tollente** nunc etiam pater valde clamat.

11. Mündliches Übersetzen mit **Relativsatz**

(01) Pater et filius, **qui doloribus dentium laborat,** medicum dentarium adeunt. Filius, **qui forcipem dentarii videt,** valde clamat.

(02) Pater, **qui filium adiuvare vult,** eum e sella dentaria dimittit.

(03) Pater digitum indicem tollit et filium, **qui non iam clamat,** monet.

(04) Medicus dentarius in ore patris spectat, **qui adhuc digitum indicem tollit.**

(05) Dentarius aliquid patri explicat, **qui timidus esse videtur.**

(06) Pater, **qui medicum iterum forcipem in manu tenere videt,** nunc etiam valde clamat.

Exemplum bonum

Exemplum bonum

12. Mündliches Übersetzen mit ‚sed oder **autem**

*(01) Pater filiusque medicum dentarium adeunt. Filius doloribus dentium laborat, **sed** non vult dentarium se tractare.*

*(02) Pater filium adiuvare vult, **sed** primo eum e sella dentaria dimittit.*

*(03) Pater **autem** ipse in sella dentaria consedit.*

*(04) Dentarius in ore patris spectat et eius dentes inspicit, **sed** pater porro digitum tollit.*

*(05) Dentarius patrem aliqud explicat, **sed** eum timidum esse videtur.*

*(06) Dentarius forcipem capit, **sed** etiam pater non vult medicum eum tractare.*

13. Mündliches Übersetzen mit **Präpositionalausdrücken**.

*(01) Pater **cum filio apud medicum** dentarium sedent. Filius **in sella dentaria** sedet et clamat. Dentarius **ante filium** stat forcipem **in manu** tenet.*

*(02) Pater filium **e sella dentaria** dimittit.*

*(03) Pater ipse **in sella dentaria** consedit.*

*(04) Dentarius **ante patrem** stat et **in ore** eius spectat.*

*(05) Tum Dentarius patrem **in sella dentaria** aliquid explicat, qui medicum aspectat.*

*(06) Pater **in sella dentaria** forcipem **in manu** dentarii videt et valde clamat.*

14. Mündliches Übersetzen mit **indirekter Rede** aus der Sicht des Vaters

(01) Pater narravit **se filiumque medicum dentarium adisse, sed filium valde clamavisse** propter forcipem dentarii.

(02) Tum narravit **se filium e sella dentaria dimisisse et se ipse ibi consedisse.**

(03) Pater dixit **se digitum indicem sustulisse et filium monuisse.**

(04) **Medicum tum in suo ore spectavisse et suos dentes inspexisse** pater dixit.

(05) Tum dixit **medicum sibi aliquid explicavisse et se ipse paulum timidum fuisse.**

(06) Denique confessus est **se quoque clamavisse.**

15. Mündliches Übersetzen mit **indirekter Rede** aus der Sicht des Sohnes

01) Filius narravit **se cum patre medicum dentarium adisse et se valde clamavisse** propter forcipem dentarii.

(02) Tum narravit **patrem se e sella dentaria dimisisse et ipse ibi consedisse.**

(03) Filius narravit **patrem digitum indicem sustulisse et se monuisse.**

(04) **Medicum in ore patris spectavisse et eius dentes inspexisse** filius dixit.

(05) Tum dixit **medicum patrem aliquid explicavisse et eum paulum timidum fuisse** videbatur.

(06) Denique narravit **patrem etiam propter forcipem dentarii clamavisse.**

Exemplum bonum

16. Mündliches Übersetzen mit **direkter Rede** aus der Sicht des Vaters

(01) Pater narravit: »Heri filius egoque medicum dentarium adiimus. Filius ibi valde clamavit, quia dentarius forcipem in manu tenuit.«

(02) »Tum filium e sella dentaria dimisi et ego ipse ibi consedi.«

(03) »Digitum indicem sustuli et filium monui.«

(04) »Medicus in ore meo spectavit et dentes meos inspexit.«

(05) »Tum medicus mihi aliquid explicavit, quod me paulum terruit.«

(06) »Deinde ego ipse valde clamavi, nam medicus iterum forcipem in manu tenuit.«

17. Mündliches Übersetzen mit **direkter Rede** aus der Sicht des Sohnes

(01) Filius narravit: »Heri pater egoque medicum dentarium adiimus. Ibi valde clamavi, quia dentarius forcipem in manu tenuit.«

(02) »Tum pater me e sella dentaria dimisit et se ipse ibi consedit.«

(03) »Pater digitum indicem sustulit et me monuit.«

(04) »Medicus in ore patris spectavit et dentes eius inspexit.«

(05) »Tum medicus patrem aliquid explicavit et pater timidus esse videbatur.«

(06) »Deinde pater etiam valde clamavit, nam medicus iterum forcipem in manu tenebat.«

Latro - Musterlösungen

1. **Fragen und Antworten** zur Bildergeschichte

(01) Quid accidit ante argentariam?

(02) Quid facit filius?

(03) Quem monstrat filius?

(04) Quid dat pater virum cum pilleo?

(05) Adiuvatne aliquis patrem?

(06) Quid nunc facitur?

2. Mündliches Übersetzen im **Präsens Aktiv**

(01) Latro cum pilleo filium ante argentarium **evertit** et in argentariam **irruit**.

(02) Filius flet et pater **accedit**. Filius patri de viro cum pilleo **narrat**.

(03) Pater filiusque argentariam **intrant** et filius virum cum pilleo **monstrat**.

(04) Pater latroni magnam alapam **dat** et pistolia **avolant**.

(05) Pater latronem verberare **pergit** et functionarii **accedunt**.

(06) Homines patrem filiumque **celebrant** et custos publicus latronem **abducit**.

3. Mündliches Übersetzen im **Präsens Passiv**

(01) Filius ante argentarium a latrone **evertitur**.

(02) Res cum latrone patri a filio **narratur**.

(03) Argentaria a patre filioque **intratur** et vir cum pilleo patri a filio **monstratur**.

(04) Latroni a patre magnam alapam **datur** et pistolia **depelluntur**.

(05) Latroni multae alapae magnae **dantur** et pater a functionariis **adiuvatur**.

(06) Denique pater filiusque a hominibus **celebrantur** et latro a custode publico **abducitur**.

Latro

4. Mündliches Übersetzen im **Imperfekt**

(01) Latro cum pilleo filium ante argentarium **evertebat** et argentariam **intrabat**.

(02) Filius flebat et pater **accedebat**. Filius patri de viro cum pilleo **narrabat**.

(03) Pater filiusque argentariam **intrabant** et filius virum cum pilleum **monstrabat**.

(04) Pater latroni magnam alapam **dabat** et pistolia **avolabant**.

(05) Pater latroni multas alapas **dabat** et functionarii eum nunc **adiuvabant**.

(06) Denique homines patrem filiumque **celebrabant** et custos publicus latronem **abducebat**.

5. Mündliches Übersetzen im **Futur I**

(01) Latro cum pilleo filium ante argentarium **evertet** et argentariam **intrabit**.

(02) Filius flebit et pater **accedet**. Filius patri de viro cum pilleo **narrabit**.

(03) Pater filiusque argentariam **intrabunt** et filius virum cum pilleo **monstrabit**.

(04) Pater latroni magnam alapam **dabit** et pistolia **avolabunt**.

(05) Pater latroni multas alapas **dabit** et functionarii eum nunc **adiuvabunt**.

(06) Denique homines patrem filiumque **celebrabunt** et custos publicus latronem **abducet**.

6. Mündliches Übersetzen in den Zeiten **Perfekt**

(01) Latro cum pilleo filium ante argentarium **eversit** et argentariam **intravit**.

(02) Filius flevit et pater **accesit**. Filius patri de viro cum pilleo **narravit**.

(03) Pater filiusque argentariam **intraverunt** et filius virum cum pilleo **monstravit**.

(04) Pater latroni magnam alapam **dedit** et pistolia **avolaverunt**.

(05) Pater latroni multas alapas **dedit** et functionarii eum nunc **adiuverunt**.

(06) Denique homines patrem filiumque **celebraverunt** et custos publicus latronem **abduxit**.

7. Mündliches Übersetzen im **Plusquamperfekt**

(01) Latro cum pilleo filium ante argentarium **everserat** et argentariam **intraverat**.

(02) Filius fleverat et pater **accesserat**. Filius patri de viro cum pilleo **narraverat**.

(03) Pater filiusque argentariam **intraverant** et filius virum cum pilleo **monstraverat**.

(04) Pater latroni magnam alapam **dederat** et pistolia **avolaverant**.

(05) Pater latroni multas alapas **dederat** et functionarii eum nunc **adiuverant**.

(06) Denique homines patrem filiumque **celebraverant** et custos publicus latronem **abduxerat**.

Latro

8. Mündliches Übersetzen im **Futur II**

(01) Latro cum pilleo filium ante argentariam **everserit** et argentariam **intraverit**.
(02) Filius fleverit et pater **acceserit**. Filius patri de viro cum pilleo **narraverit**.
(03) Pater filiusque argentariam **intraverint** et filius virum cum pilleo **monstraverit**.
(04) Pater latroni magnam alapam **dederit** et pistolia **avolaverint**.
(05) Pater latroni multas alapas **dederit** et functionarii eum nunc **adiuverint**.
(06) Denique homines patrem filiumque **celebraverint** et custos publicus latronem **abduxerit**.

9. Mündliches Übersetzen mit **AcI**

(01) Vidēo **latronem filium ante argentariam evertere et argentariam intrare**.
(02) Vidēo **filium flēre et patrem accedere**. Puto **filium patri de viro cum pilleo narrare**.
(03) Nunc vidēmus **patrem filiumque argentariam intrare et filium latronem monstrare**.
(04) **Patrem latroni magnam alapam dare et pistolia avolare** vidēmus.
(05) **Patrem latroni multas alapas dare et functionarios eum nunc adiuvare** vidēmus.
(06) Denique vidēmus **homines patrem filiumque celebrare et custodem publicum latronem abducere**.

10 Mündliches Übersetzen mit **PC** oder **Abl abs**

(01) Filius ante argentarium **ludens** a viro cum pilleo evertitur. Latro argentariam irruit.
(02) Filius a latrone **eversus** flet et pater accedit.
(03) Pater filiusque argentariam **intrantes** vident functionarios manus tollere. Filius virum pilleum **gerentem** monstrat.
(04) Patre latroni alapam **dante** pistolia avolant.
(05) Patre latroni multas alapas **dante** functionarii accedunt et adiuvant.
(06) Hominibus patrem filiumque **celebrantis** custos publicus latronem abducit.

11. Mündliches Übersetzen mit **Relativsatz**

(01) Latro, **qui in argentarium irruit**, filium evertit, **qui ante argentarium ludit**.
(02) Pater, **qui statim accedit**, filium rogat, **qui valde lacrimat**.
(03) Pater filiusque argentarium intrant et filius latronem, **qui se eversit**, monstrat.
(04) Pater latroni, **qui functionarios cum pistoliis minatur**, alapam dat.
(05) Functionarii accedunt et patrem adiuvant, **qui latronem magis alapas dat**.
(06) Latro, **quem custos publicus abducit**, videt homines patrem filiumque celebrare.

Latro

12. Mündliches Übersetzen mit ,sed oder autem

(01) Latro filium in via ludentem vertens non consistit, **sed** tamen in argentariam irruit.
(02) Filius valde clamat, **sed** pater celeriter accedit.
(03) Pater filiusque argentariam intrant, **sed** latro functionarios pistoliis iam minatur.
(04) Latro pistolia habet, pater **autem** latroni magnam alapam dat et pistolia avolant.
(05) Pater latroni magnas alapas dat, **sed** nunc functionarii accedunt et adiuvant.
(06) Latro a custos publicus abducitur, **sed** pater filiusque a hominibus celebrantur.

13. Mündliches Übersetzen mit **Präpositionalausdrücken**

(01) Filius **in via cum turbine** ludit et vir **cum pilleo** eum evertit et in argentarim irruit.
(02) Filius **in via** sedens clamat et pater celeriter **ad eum** currit.
(03) Pater filiusque **in argentariam** eunt et filius virum **cum pilleo** monstrat.
(04) Pater latroni **ante functionarios** magnam alapam dat.
(05) Functionarii nunc **ad patrem** currunt et eum adiuvant.
(06) Latro **a custode publico** comprehenditur et Pater filiusque **a hominibus** celebrantur.

14. Mündliches Übersetzen mit **indirekter Rede** aus der Sicht des Vaters

(01) Pater narravit **se filiumque in urbem fuisse et filium in via lusisse.**
(02) Tum narravit **filium subito clamavisse et latronem se eversisse narravisse.**
(03) Dixit **se filiumque argentariam intravisse et filium latronem monstravisse.**
(04) Pater narravit **se latroni magnam alapam dedisse et pistolia avolavisse.**
(05) Tum pater narravit **functionarios accedisse et se adiuvisse.**
(06) Denique prodidit **custodem publicum latronem abduxisse et homines se celebravisse.**

15. Mündliches Übersetzen mit **indirekter Rede** aus der Sicht des Sohnes

(01) Filius narravit **se patremque in urbem fuisse et se a viro cum pilleo eversum fuisse.**
(02) Tum narravit **se flevisse patremque accedisse.**
(03) Dixit **se argentariam intravisse et se patri virum cum pilleo monstravisse.**
(04) Filius narravit **patrem latronem magnam alapam dedisse et pistolia avolavisse.**
(05) Filius dixit **functionarios accedisse et patrem adiuvisse.**
(06) Denique narravit **custodem publicum latronem cepisse et homines se celebravisse.**

Latro

16. Mündliches Übersetzen mit **direkter Rede** aus der Sicht des Vaters

(01) Pater narravit: »Heri filius egoque in urbe fuimus. Filius in via cum turbine lusit.«

(02) »Subito filium clamare audivi et statim ad eum properavi. Filius narravit virum eum eversisse.«

(03) »Ergo in argentariam iimus et filius mihi istum virum monstravit.«

(04) »Illo viro magnam alapam dedi, quamquam dua pistolia habuit.«

(05) »Tum ei plus alapas dedi et tandem functionarii accesserunt et mihi adiuverunt.«

(06) »Postremo latro a custode publico abductus est et homines nos celebraverunt.«

17. Mündliches Übersetzen mit **direkter Rede** aus der Sicht des Sohnes

(01) Filius narravit: »Heri pater egoque in urbe fuimus. Ibi in via cum turbine lusi et a viro eversus sum.«

(02) »Tum valde flevi et pater celeriter accessit. Patri de viro cum pilleo narravi.«

(03) »Ergo argentariam intravimus et patri virum, qui etiam pistolia habuit, monstravi.«

(04) »Pater latroni magnam alapam dedit et pistolia avolaverunt.«

(05) »Tum etiam functionarii accederunt et patrem adiuvaverunt.«

(06) »Postea custos publicus latronem abduxit et homines nos celebraverunt.«

Leo liberatus – Musterlösungen

1. **Fragen und Antworten** zur Bildergeschichte

(01) Quis aut quid frangit caveam leonis?

(02) Quid vult leo?

(03) Ubi abdunt pater filiusque?

(04) Cur timent pater filiusque?

(05) Cur ridet leo?

(06) Quo currunt pater filiusque?

(07) Cur stupet leo?

2. Mündliches Übersetzen im **Präsens Aktiv**

(01) Machina tractoria caveam leonis **frangit** et bestia **libera est**.

(02) Leo patrem filiumque **videt** et cum eis ludere **vult**.

(03) Pater filiusque ad columnam Litfassianam **currunt** et **se abdunt**. Sed leo eos **invenit**.

(04) Leo mugit et pater filiusque valde **timent**.

(05) Pater filiusque sicut lepores **aufugiunt** et leo **ridet**.

(06) Pater filiusque domum **currunt**, sed leo eos **agitat**.

(07) Pater filius domi **abdunt** et tabulam in porta **suspendunt**. Leo **stupet**.

Leo liberatus

3. Mündliches Übersetzen im **Präsens Passiv**

(01) Cavea leonis a machina tractoria **frangitur** et bestia libera est.
(02) Pater filiusque a leone **agitantur**.
(03) Pater filiusque post columnam Litfassianam **abdunt**, sed a leone **inveniuntur**.
(04) Pater filiusque a clamore leonis valde **terrentur**.
(05) pater filiusque sicut lepores **aufugiunt** et a leone **irriduntur**.
(06) Pater filiusque a leone ad domum **agitantur**.
(07) Pater filiusque domi **abdunt** et tabula in porta **suspenditur**.

4. Mündliches Übersetzen im **Imperfekt**

(01) Machina tractoria caveam leonis **frangebat** et bestia **libera erat**.
(02) Leo patrem filiumque **videbat** et cum eis ludere **volebat**.
(03) Pater filiusque ad columnam Litfassianam **currebant** et **se abdebant**. Sed leo eos **inveniebat**.
(04) Leo **mugiebat** et pater filiusque valde **timebant**.
(05) Pater filiusque sicut lepores **aufugiebant** et leo **ridebat**.
(06) Pater filiusque domum **currebant**, sed leo eos **agitabat**.
(07) Pater filius domi **abdebant** et tabulam in porta **suspendebant**. Leo **stupebat**.

5. Mündliches Übersetzen im **Futur I**

(01) Machina tractoria caveam leonis **franget** et bestia **libera erit**.
(02) Leo patrem filiumque videbit et cum eis ludere **volet**.
(03) Pater filiusque ad columnam Litfassianam **current** et **se abdent**. Sed leo eos **inveniet**.
(04) Leo mugiet et pater filiusque valde **timebunt**.
(05) Pater filiusque sicut lepores **aufugient** et leo **ridebit**.
(06) Pater filiusque domum **current**, sed leo eos **agitabit**.
(07) Pater filius domi **abdent** et tabulam in porta **suspendent**. Leo **stupebit**.

6. Mündliches Übersetzen im **Perfekt**

(01) Machina tractoria caveam leonis **fregit** et bestia **libera fuit**.
(02) Leo patrem filiumque **vidit** et cum eis ludere **voluit**.
(03) Pater filiusque ad columnam Litfassianam **cucurrerunt** et **se abdiderunt**. Sed leo eos **invenit**.
(04) Leo **mugivit** et pater filiusque valde **timuerunt**.
(05) Pater filiusque sicut lepores **aufugerunt** et leo **risit**.
(06) Pater filiusque domum **cucurrerunt**, sed leo eos **agitavit**.
(07) Pater filius domi **abdiderunt** et tabulam in portam **suspenderunt**. Leo **stupuit**.

Leo liberatus

7. Mündliches Übersetzen im **Plusquamperfekt**

(01) Machina tractoria caveam leonis **fregerat** et bestia **libera fuerat**.

(02) Leo patrem filiumque **viderat** et cum eis ludere **voluerat**.

(03) Pater filiusque ad columnam Litfassianam **cucurrerant** et **se abdiderant**. Sed leo eos **invenerat**.

(04) Leo mugiverat et pater filiusque valde **timuerant**.

(05) Pater filiusque sicut lepores **aufugerant** et leo **riserat**.

(06) Pater filiusque domum **cucurrerant**, sed leo eos **agitaverat**.

(07) Pater filius domi **abdiderant** et tabulam in porta **suspenderant**. Leo **stupuerat**.

8. Mündliches Übersetzen im **Futur II**

(01) Machina tractoria caveam leonis **fregerit** et bestia **libera fuerit**.

(02) Leo patrem filiumque **viderit** et cum eis ludere **voluerit**.

(03) Pater filiusque ad columnam Litfassianam **cucurrerint** et **se abdiderint**. Sed leo eos **invenerit**.

(04) Leo **mugiverit** et pater filiusque valde **timuerint**.

(05) Pater filiusque sicut lepores **aufugerint** et leo **riserit**.

(06) Pater filiusque domum **cucurrerint**, sed leo eos **agitaverit**.

(07) Pater filius domi **abdiderunt** et tabulam in porta **suspenderint**. Leo **stupuerit**

9. Mündliches Übersetzen mit **AcI**

(01) Vidēo **machinam tractoriam caveam leonis frangere et bestiam ita liberare**.

(02) Puto **leonem patrem filiumque vidēre et cum eis ludere velle**.

(03) Vidēo **patrem filiumque post columnam Lifassianam se abdere leonem autem eos invenire**.

(04) Vidēo **patrem filiumque a clamore leonis valde terreri**.

(05) Vidēmus **patrem filiumque sicut lepores aufugere et leonem ridere**.

(06) Vidēmus **leonem patrem filiumque domum agitare**.

(07) Vidēo **patrem filiumque domi abdere et tabulam in portam suspendere**. Vidēo **leonem stupēre**.

10. Mündliches Übersetzen mit **PC** oder **Abl abs**

(01) Pater filiusque vident leonem caveam a machina tractoria **fractam** relinquere.

(02) Leo cum patre filioque **aufugientibus** ludere vult.

(03) Leo patrem filiumque post columnam Litfassianam **abditos** invenit.

(04) Leo valde **mugiens** patrem filiumque terret.

(05) Leo patrem filiumque sicut lepores **currentes** spectat et ridet.

(06) Pater filiusque a leone valde **territi** usque ad domum currunt.

(07) Pater filiusque a leone **agitati** domi se abdunt et tabulam in portam suspendunt. Leo stupet.

Leo liberatus

11. Mündliches Übersetzen mit **Relativsatz**

(01) Pater filiusque vident leonem caveam relinquere, **quae a tractore fractus est.**

(02) Leo, **qui nunc liberatus est**, cum patre filioque ludere vult.

(03) Pater filiusque, **qui se post columnam Litfassianam abdunt**, a leone inveniuntur.

(04) Leo, **qui magno clamore mugit**, patrem filiumque terret.

(05) Leo ridet de patre filioque, **qui sicut lepores currunt.**

(06) Leo patrem filiumque agitat, **qui ad domum currunt.**

(07) Pater filiusque, **qui se domi abdunt**, tabulam in portam suspendunt. Leo, **qui tabulam legit,** stupet.

12. Mündliches Übersetzen mit **,sed** oder **autem**

(01) Pater filiusque bestias spectare volunt, **sed** cavea leoni a tractore frangitur.

(02) Leo cum patre filio ludere vult, ii **autem** aufugiunt.

(03) Post columnam Litfassianam pater filiusque se abdere volunt, **sed** leo eos invenit.

(04) Leo benigne mugit, **sed** homines valde timent.

(05) Leo ridet, **sed** pater filiusque sicut lepores currunt.

(06) Leo patrem filiumque agitat, homines **autem** domum currunt.

(07) Pater filiusque tabulam in portam suspendunt, **sed** homines se in domo abdunt.

13. Mündliches Übersetzen mit **Präpositionalausdrücken**

(01) Pater filiusque leonem **e cavea fracta** venire vident.

(02) Leo **cum patre filioque** ludere vult, sed homines aufugiunt.

(03) Pater filiusque **post columnam Litfassianam** se abdunt, sed leo eos ibi invenit.

(04) Leo **post patrem filiumque** mugit et homines valde timent.

(05) Leo ridet et pater filiusque **a leone** aufugiunt.

(06) Pater filiusque **ad domum** properant, sed leo **post eos** currit.

(07) Pater filiusque tabulam **in portam** suspendunt et homines se **in domo** abdunt.

14. Mündliches Übersetzen mit **indirekter Rede** aus der Sicht des Vaters

(01) Pater narravit **se filiumque leonem e cavea fracta evadere vidisse.**

(02) Tum narravit **leonem ludere voluisse et se agitavisse.**

(03) Dixit **se post columnam Litfassianam abdidisse sed leo se invenisse.**

(04) Pater narravit **leonem se magno clamore terruisse.**

(05) Tum pater prodidit **se filiumque sicut lepores cucurisse et leonem risisse.**

(06) Denique narravit **se domum cucurisse, sed leo se adhuc agitavisse.**

(07) Pater narravit **se postremo tabulam in porta suspendisse et ibi abdidisse.**

Leo liberatus

15. Mündliches Übersetzen mit **indirekter Rede** aus der Sicht des Sohnes

(01) Filius narravit **se patremque leonem e cavea fracta evadere vidisse.**
(02) Tum narravit **leonem ludere voluisse et se agitavisse.**
(03) Dixit **se post columnam Litfassianam abdidisse sed leo se invenisse.**
(04) Filius narravit **leonem se magno clamore terruisse.**
(05) Tum filius prodidit **se patremque sicut lepores cucurisse et leonem risisse.**
(06) Denique narravit **se domum cucurisse, sed leo se adhuc agitavisse.**
(07) Filius narravit **se postremo tabulam in porta suspendisse et ibi abdidisse.**

16. Mündliches Übersetzen mit **direkter Rede** aus der Sicht des Vaters

(01) Pater narravit: »**Heri filius egoque in circum eramus. Aliquis caveam leonis cum tractore fregit et leo caveam fractam reliquit.**«
(02) »**Leo ludere voluit et nos agitavit.** «
(03) »**Post columnam Litfassianam abdidimus, sed leo nos invenit.**«
(04) »**Nos magno clamore valde terruit.**«
(05) »**Sicut lepores cucurrimus et leo risit.**«
(06) »**Domum cucurrimus sed leo nos adhuc agitavit.**
(07) **Postremo tabulam in portam suspendimus et nos domi abdidimus**«.

17. Mündliches Übersetzen mit **direkter Rede** aus der Sicht des Sohnes

(01) Filius narravit »**Heri pater egoque in circum eramus. Aliquis caveam leonis cum tractore fregit et leo caveam fractam reliquit.**«
(02) »**Leo ludere voluit et nos agitavit.**«
(03) »**Post columnam Litfassianam abdidimus, sed leo nos invenit.**«
(04) »**Nos magno clamore valde terruit.**«
(05) »**Sicut lepores cucurrimus et leo risit.**«
(06) »**Domum cucurrimus sed leo nos adhuc agitavit.**«
(07) **Postremo tabulam in portam suspendimus et nos domi abdidimus.**«

Ludus ad mare – Musterlösungen

1. **Fragen und Antworten** zur Bildergeschichte

(01) Ubi sunt pater filiusque? Quid facit filius? Quid facit pater?

(02) Quid nunc facit pater?

(03) Quot saxa habet filius, quot habet pater?

(04) Quando pater filiusque domum redeunt? Suntne laeti an tristes?

(05) Nocte pater laborat. Quid facit pater?

(06) Quid videt filius? Quid facit pater?

2. Mündliches Übersetzen im **Präsens Aktiv**

(01) Pater filiusque ad mare **sunt**. Filius saxum in aquam **mittit** et pater **gaudet**.

(02) Pater etiam saxum in aquam **mittit** et filius **ridet**.

(03) Filius saxum ultimum **capit** et pater alia saxa **quaerit**.

(04) Sole occidente pater filiusque tristes domum **redeunt**.

(05) Nocte pater multa saxa pabone ad mare **portat** et valde **sudat**.

(06) Postero die filius ingentem montem saxorum ad mare **videt** et valde **gaudet**.
     Pater valde contentus **est**.

3. Mündliches Übersetzen im **Präsens Passiv**

(01) Mare a patre filioque **visitatur**. Saxum a filio in aquam **mittitur**. Pater **delectatur**.

(02) Saxum a patre in aquam **mittitur** et filius **delectatur**.

(03) Ultimum saxum a filio **capitur** et alia saxa a patre **quaeruntur**.

(04) Sole occidente mare a patre filioque **reliquitur**.

(05) Nocte multa saxa a patre pabone ad mare **portantur**.

(06) Postero die mons saxorum a filio **aspicitur**. Pater valde contenus esse **videtur**.

Ludus ad mare

4. Mündliches Übersetzen im **Imperfekt**

(01) Pater filiusque ad mare erant. Filius saxum in aquam **mittebat** et pater **gaudebat**.

(02) Pater etiam saxum in aquam **mittebat** et filius **ridebat**.

(03) Filius saxum ultimum **capiebat** et pater alia saxa **quaerebat**.

(04) Sole occidente pater filiusque tristes domum **redibant**.

(05) Nocte pater multa saxa pabone ad mare **portabat** et valde **sudabat**.

(06) Postero die filius ingentem montem saxorum ad mare **videbat** et valde **gaudebat**. Pater contentissimus **erat**.

5. Mündliches Übersetzen im **Futur I**

(01) Pater filiusque ad mare **erunt**. Filius saxum in aquam **mittet** et pater **gaudebit**.

(02) Pater etiam saxum in aquam **mittet** et filius **ridebit**.

(03) Filius saxum ultimum **capiet** et pater alia saxa **quaeret**.

(04) Sole occidente pater filiusque tristes domum **redibunt**.

(05) Nocte pater multa saxa pabone ad mare **portabit** et valde **sudabit**.

(06) Postero die filius ingentem montem saxorum ad mare **videbit** et valde **gaudebit**. Pater valde contentus **erit**.

6. Mündliches Übersetzen im **Perfekt**

(01) Pater filiusque ad mare **fuerunt**. Filius saxum in aquam **misit** et pater **gavisus est**.

(02) Pater etiam saxum in aquam **misit** et filius **risit**.

(03) Filius saxum ultimum **cepit** et pater alia saxa **quaesivit**.

(04) Sole occidente pater filiusque tristes domum **redierunt**.

(05) Nocte pater multa saxa pabone ad mare **portavit** et valde **sudavit**.

(06) Postero die filius ingentem montem saxorum ad mare **vidit** et valde **gavisus est**. Pater valde contentus **fuit**.

7. Mündliches Übersetzen im **Plusquamperfekt**

(01) Pater filiusque ad mare **fuerant**. Filius saxum in aquam **miserat** et pater **gavisus erat**.

(02) Pater etiam saxum in aquam **miserat** et filius **riserat**.

(03) Filius saxum ultimum **ceperat** et pater alia saxa **quaesiverat**.

(04) Sole occidente pater filiusque tristes domum **redierant**.

(05) Nocte pater multa saxa pabone ad mare **portaverat** et valde **sudaverat**.

(06) Postero die filius ingentem montem saxorum ad mare **viderat** et valde **gavisus erat**. Pater valde contentus **fuerat**.

Ludus ad mare

8. Mündliches Übersetzen im **Futur II**

(01) Pater filiusque ad mare **fuerint**. Filius saxum in aquam **miserit** et pater **gavisus erit**.

(02) Pater etiam saxum in aquam **miserit** et filius **riserit**.

(03) Filius saxum ultimum **ceperit** et pater alia saxa **quaesiverit**.

(04) Sole occidente pater filiusque tristes domum **redierint**.

(05) Nocte pater multa saxa pabone ad mare **portaverit** et valde **sudaverit**.

(06) Postero die filius ingentem montem saxorum ad mare **viderit** et valde **gavisus erit**. Pater valde contentus **fuerit**.

9. Mündliches Übersetzen mit **AcI**

(01) Puto **patrem filiumque ad mare esse**. Videmus **filium saxum in aquam mittere**. Puto **patrem valde gaudere**.

(02) Vidēmus **patrem etiam saxum in aquam mittere et filium ridere**.

(03) Videō **filium saxum ultimum capere et patrem alia saxa quaerere**.

(04) Vidēmus **patrem filiumque sole occidente tristes domum redire**.

(05) Pictura quinta monstrat **patrem multa saxa pabone ad mare portare**.

(06) Pictura ultima monstrat **filium postero die ingentem montem saxorum vidēre et valde gaudere**. Puto **patrem valde contentus esse**.

10. Mündliches Übersetzen mit **PC** oder **Abl abs**

(01) Pater filiusque ad mare sunt. Filio saxum in aquam **mittente** pater gaudet.

(02) Patre etiam saxum in aquam **mittente** filius ridet.

(03) Filio saxum ultimum **capiente** pater alia saxa quaerit.

(04) Sole **occidente** pater filiusque tristes domum redeunt.

(05) Pater nocte multa saxa pabone ad mare **apportans** valde sudat.

(06) Postero die filius ingentem montem saxorum ad mare **videns** valde gaudet. Pater valde contentus est.

11. Mündliches Übersetzen mit **Relativsatz**

(01) Vidēmus patrem er filium, **qui ad mare ludunt**. Pater filium, **qui saxum in aquam mittit**, spectat et gaudet.

(02) Filius patrem spectat, **qui etiam saxum in aquam mittit**.

(03) Filius, **qui saxum ultimum capit**, videt patrem, **qui alia saxa quaerit**.

(04) Pictura quarta monstrat patrem filiumque, **qui tristes domum redeunt**.

(05) Nocte pater, **qui valde sudat**, multa saxa pabone apportat.

(06) Postero die filius, **qui ingentem montem saxorum videt**, valde gaudet. Pater, **qui nocte multum laborem habebat**, valde contentus est.

Ludus ad mare

12. Mündliches Übersetzen mit ‚**sed**‘ oder ‚**autem**‘

(01) Pater filiusque ad mare sunt, **sed** non natant **vel** navigant.
    Filius saxum in aquam mittit, **sed** pater solum spectat.
(02) Pater non modo spectare, **sed** etiam ludere vult et mittit saxum in aquam.
(03) Filius saxum ultimum capit, pater **autem** alia saxa quaerere debet.
(04) Pater filiusque per totum diem ludebant, **sed** nunc tristes domum redeunt.
(05) In pictura quinta nox est, **sed** pater multa saxa pabone ad mare portat et valde sudat.
(06) Postero die filius propter ingentem montem saxorum gaudet, sed pater se nihil scire simulat.

13. Mündliches Übersetzen mit **Präpositionalausdrücken**.

(01) Pater **cum filio ad mare** est. **In litore** filius saxum **in aquam** mittit et pater gaudet.
(02) Pater etiam saxum **in aquam** mittit et filius **iuxta eum** ridet.
(03) Filius saxum ultimum **in litore** capit et pater alia saxa quaerit.
(04) Sole occidente pater filiusque tristes **ad domum** redeunt.
(05) Nocte pater multa saxa **cum pabone ad mare** portat et valde sudat.
(06) Postero die filius ingentem montem saxorum **ad mare** videt et valde gaudet.
    Pater valde contentus est.

14. Mündliches Übersetzen mit **indirekter Rede** aus der Sicht des Vaters

(01) Pater **narravit se filiumque ad mare fuisse.** Dixit **filium saxum in aquam misisse.**
(02) Tum **narravit se etiam saxum in aquam misisse, quod magnum gaudium fuisse.**
(03) Dixit **filium aliquando saxum ultimum cepisse et se alia saxa quaerere debuisse.**
(04) Pater narravit **se filiumque denique sole cadente tristes domum rediisse.**
(05) Tum pater prodidit **se nocte multa saxa pabone ad mare portavisse.**
(06) Denique narravit **filium postero die propter ingentem montem saxorum gavisum esse.**

Ludus ad mare

15. Mündliches Übersetzen mit **indirekter Rede** aus der Sicht des Sohnes

(01) Filius narravit **se patremque ad mare fuisse. Dixit se saxa in aquam misisse.**

(02) Tum narravit **patrem etiam saxum in aquam misisse et ludum magnum gaudium fuisse .**

(03) Dixit **se denique saxum ultimum cepisse et patrem alia saxa quaerere debuisse sed nulla invenisse.**

(04) Filius narravit **se patremque denique sole cadente tristes domum rediisse.**

(05) Filius dixit **se nocte de multis saxis somniavisse.**

(06) Denique narravit **se postero die ingentem montem saxorum vidisse et valde gavisum esse.**

16. Mündliches Übersetzen mit **direkter Rede** aus der Sicht des Vaters

(01) Pater narravit: »**Heri filius egoque ad mare eramus. Filius ibi saxa in aquam misit. Primo filium solum observavi.**«

(02) »**Postea autem ego ipse saxa in aquam misi. Magnum gaudium erat.**«

(03) »**Aliquando filius saxum ultimum cepit et ego alia saxa quaerere incepi.**«

(04) »**Sed nulla saxa inveni. Itaque sole occidente tristes domum rediimus.**«

(05) »**Nocte multa saxa pabone ad mare apportavi et valde sudavi.**«

(06) »**Postero die filius ingentem montem saxorum vidit et valde gaudebat. contentissimus eram.**«

17. Mündliches Übersetzen mit **direkter Rede** aus der Sicht des Sohnes

(01) Filius narravit: »**Heri pater egoque ad mare eramus. Ibi saxum in aquam misi et pater gaudebat.**«

(02) »**Tum pater etiam saxum in aquam misit, quod mihi valde delectabat.**«

(03) »**Postea saxum ultimum cepi et pater alia saxa quaerere incepit.**«

(04) »**Pater autem nulla saxa invenit et ergo sole occidente tristes domum rediimus.**«

(05) »**Nocte dormivi et de mari somniavi.**«

(06) »**Postero die ingentem montem saxorum ad mare vidi et valde gaudebam. Pater contentissimus esse videbatur. Sed cur?**«

Malum ultimum

1. **Fragen und Antworten** zur Bildergeschichte

(01) Quid faciunt pater filiusque?

(02) Quid mittit filius ad malum?

(03) Quid studet pater?

(04) Quid mittit pater ad malum?

(05) Quid facere debet pater?

(06) Quid accidit dum pater filiusque domum redire?

2. Mündliches Übersetzen im **Präsens Aktiv**

(01) Pater filiusque **ambulant** et malum in arbore **inveniunt (animadvertunt)**.

(02) Ambo malum arcessere **volunt**. Ergo filius baculum ad malum **mittit**, sed patrem in capite **tangit**.

(03) Tum pater arborem ascendere et malum baculo trahere **studet**.

(04) Nunc pater calceum ad malum **mittit**. Calceus in arbore **haeret**.

(05) Pater denique calceum cum baculo ex arbore arcessere **debet**.

(06) Pater filiusque domum **redeunt** – et malum **cadit**.

3. Mündliches Übersetzen im **Präsens Passiv**

(01) Pater filiusque ambulant et malum in arbore **invenitur (animadvertitur)**.

(02) Malum a patre filioque **desideratur**. Ergo baculum a filio ad malum **mittitur**, sed pater in capite **tangitur**.

(03) Tum arbor a patre **ascenditur** sed malum a patre non **pervenitur**.

(04) Nunc calceus a patre ad malum **mittitur**, sed malum a calceo non **tangitur**.

(05) Denique calceus a patre cum baculo ex arbore **arcessitur**.

(06) Arbor a patre filioque **relinquitur** – et malum cadit.

Malum ultimum

4. Mündliches Übersetzen im **Imperfekt**

(01) Pater filiusque **ambulabant** et malum in arbore **inveniebant**
(02) Ambo malum arcessere **volebant**. Ergo filius baculum ad malum **mittebat**, sed patrem in capite **tangebat**.
(03) Tum pater arborem ascendere et malum baculo trahere **studebat**.
(04) Nunc pater calceum ad malum **mittebat**. Calceus in arbore **haerebat**.
(05) Pater denique calceum cum baculo ex arbore arcessere **debebat**.
(06) Pater filiusque domum **redibant** – et malum **cadebat**.

5. Mündliches Übersetzen im **Futur I**

(01) Pater filiusque **ambulabunt** et malum in arbore **invenient (animadvertent)**.
(02) Ambo malum arcessere **volent**. Ergo filius baculum ad malum **mittet**, sed patrem in capite **tanget**.
(03) Tum pater arborem ascendere et malum baculo trahere **studebit**.
(04) Nunc pater calceum ad malum **mittet**. Calceus in arbore **haerebit**.
(05) Pater denique calceum cum baculo ex arbore arcessere **debebit**.
(06) Pater filiusque domum **redibunt** – et malum **cadet**.

6. Mündliches Übersetzen im **Perfekt**

(01) Pater filiusque **ambulaverunt** et malum in arbore **invenerunt**.
(02) Ambo malum arcessere **voluerunt**. Ergo filius baculum ad malum **misit**, sed patrem in capite **tetigit**.
(03) Tum pater arborem ascendere et malum baculo trahere **studuit**.
(04) Nunc pater calceum ad malum **misit**. Calceus in arbore **haesit**.
(05) Pater denique calceum cum baculo ex arbore arcessere **debuit**.
(06) Pater filiusque domum **redierunt** – et malum **cecidit**.

7. Mündliches Übersetzen im **Plusquamperfekt**

(01) Pater filiusque **ambulaverant** et malum in arbore **invenerant**.
(02) Ambo malum arcessere **voluerant**. Ergo filius baculum ad malum **miserat**, sed patrem in capite **tetigerat**.
(03) Tum pater arborem ascendere et malum baculo trahere **studuerat**.
(04) Nunc pater calceum ad malum **miserat**. Calceus in arbore **haeserat**.
(05) Pater denique calceum cum baculo ex arbore arcessere **debuerat**.
(06) Pater filiusque domum **redierant** – et malum **ceciderat**.

Malum ultimum

8. Mündliches Übersetzen im **Futur II**

(01) Pater filiusque **ambulaverint** et malum in arbore **invenerint** (**animadverterint**).

(02) Ambo malum arcessere **voluerint**. Ergo filius baculum ad malum **miserit**,
sed patrem in capite **tetigerit**.

(03) Tum pater arborem ascendere et malum baculo trahere **studuerit**.

(04) Nunc pater calceum ad malum **miserit**. Calceus in arbore **haeserit**.

(05) Pater denique calceum cum baculo ex arbore arcessere **debuerit**.

(06) Pater filiusque domum **redierint** – et malum **ceciderit**.

9. Mündliches Übersetzen mit **AcI**

(01) Vidēo **patrem filiumque ambulare et malum in arbore invenire.**

(02) Puto **patrem filium malum habere velle** (**petere**). Vidēo **filium baculum ad
malum mittere sed patrem in capite tangere.**

(03) Tum vidēo **patrem arborem ascendere et malum baculo attrahere studere.**

(04) Vidēo **patrem calceum ad malum mittere, sed calceus in arbore haesit.**

(05) Proxima pictura **vidēo patrem calceum cum baculo ex arbore arcessere.**

(06) Denique vidēmus **patrem filiumque domum redire – et malum cadere.**

10. Mündliches Übersetzen mit **PC** oder **Abl abs**

(01) Pater filiusque **ambulantes** malum singulare in arborem inveniunt.

(02) Filius malum **petens** baculum ad malum mittit, sed patrem in capite tangit.

(03) Pater malum **petens** arborem ascendit et malum baculo attrahere studet.

(04) Malo adhuc in arbore **haerente** pater calceum in arbore mittit.

(05) Nunc pater calceum **missum** cum baculo ex arbore arcessere debet.

(06) Postremo pater filiusque a laboribus **enervati** domum redeunt et malum cadit.

11. Mündliches Übersetzen mit **Relativsatz**

(01) Pater filiusque, **qui autumno ambulant,** malum singulare in arbore inveniunt.

(02) Filius, **qui malum cupit,** baculum in arborem mittit, sed patrem in capite tangit.

(03) Pater, **qui etiam malum cupit,** arborem ascendit et malum capere studet.

(04) Pater calceum ad malum mittit, **qui adhuc in arbore haeret.**

(05) Nunc pater calceum, **qui etiam in arbore haeret,** cum baculo arcessere debet.

(06) Postremo pater filiusque, **qui a laboribus inanibus enervati sunt,** domum redeunt
– et malum cadit.

Malum ultimum

12. Mündliches Übersetzen mit ,sed oder autem

(01) Pater filiusque malum inveniunt, **sed** illud alto in arbore pendet.
(02) Filius baculum ad malum mittit, **sed** patrem in capite tangit.
(03) Pater arborem ascendit, **sed** non ad malum pervenit.
(04) Pater calceum ad malum mittit, calceus **autem** in arbore haerit.
(05) Pater nunc calceum cum baculo ex arbore arcessere debet, **sed** ad malum non pervenit.
(06) Pater filiusque denique domum redeunt, **sed** tum malum cadit.

13. Mündliches Übersetzen mit **Präpositionalausdrücken**

(01) Pater **cum filio** ambulat et **alto in arbore** malum invenit.
(02) Filius baculum **ad malum** misit, sed patrem **in capite** tangit.
(03) Pater arborem ascendit, sed non **ad malum** pervenit.
(04) Pater calceum **ad malum** mittit, sed calceus **in arbore** haerit.
(05) Pater calceum **cum baculo ex arbore** arcessere debet.
(06) Postremo pater filiusque **ad domum** eunt – et malum **de arbore** cadit.

14. Mündliches Übersetzen mit **indirekter Rede** aus der Sicht des Vaters

01) Pater narravit **se filiumque autumno ambulavisse et se malum in arbore invenisse.**
(02) Tum narravit **filium baculum ad malum misisse sed se in capite tetigisse.**
(03) Dixit **se tum arborem ascendisse, sed non ad malum pervenisse.**
(04) Pater narravit **se calceum ad malum misisse, sed calceus in arbore haesisse.**
(05) Tum pater prodidit **se iterum calceum cum baculo ex arbore arcessere debuisse.**
(06) Denique narravit **se filiumque sole cadente domum redisse et malum aliquando cecidisse.**

15. Mündliches Übersetzen mit **indirekter Rede** aus der Sicht des Sohnes

(01) Filius narravit **se patremque ambulavisse et patrem malum in arbore invenisse.**
(02) Tum narravit **se baculum ad malum misisse sed patrem in capite tetigisse.**
(03) Dixit **patrem tum arborem ascendisse, sed non ad malum pervenisse.**
(04) Filius narravit **patrem calceum ad malum misisse, sed calceus in arbore haesisse.**
(05) Tum filius prodidit **patrem iterum calceum cum baculo ex arbore arcessere debuisse.**
(06) Denique narravit **se patrem aliquando domum redisse et malum aliquando cecidisse.**

Malum ultimum

16. Mündliches Übersetzen mit **direkter Rede** aus der Sicht des Vaters

(01) Pater narravit: »Heri filius egoque ambulabamus. Alto in arbore malum singulare inveni. Arborem quassavi. Sed nihil accidit.

(02) Filius baculum ad malum missit, sed me in capite tetigit.

(03) Tum arborem ascendi, sed non ad malum perveni.

(04) Ergo calceum ad malum misi, sed calceus etiam in arbore haesit.

(05) Tum ego ipse calceum cum baculo ex arbore arcessere debui.

(06) Denique filieus egoque domum rediimus et malum aliquando cecidit.«

17. Mündliches Übersetzen mit **direkter Rede** aus der Sicht des Sohnes

(01) Filius narravit »Heri pater egoque ambulabamus. Pater alto in arbore malum singulare invenit. Arborem quassavit. Sed nihil accidit.

(02) Ego baculum ad malum missi, sed patrem in capite tetigi.

(03) Tum pater arborem ascendit, sed non ad malum pervenit.

(04) Ergo pater calceum ad malum misit, sed calceus etiam in arbore haesit.

(05) Tum pater ipse calceum cum baculo ex arbore arcessere debuit.

(06) Denique pater egoque domum rediimus et malum aliquando cecidit.«

Pacificator - Musterlösungen

1. **Fragen und Antworten** zur Bildergeschichte

(01) Quid faciunt pueri?

(02) Quid narrat filius?

(03) Qui adversarii hic in arena conveniunt?

(04) Describe primam partem controversiae!

(05) Describe secundam partem controversiae!

(06) Describe finem controversiae!

2. Mündliches Übersetzen im **Präsens Aktiv**

(01) Duo pueri se **verberant**, causam **nescio** .

(02) Filius ad patrem **venit**, flet et de puero altero **narrat**.

(03) Nunc adversarii arenam **intrant**: hic pater filiusque et ibi alter pater filiusque.

(04) Primo patres verbis **litigant**: inter se **clamant** et **increpant**. Pueri attente **auscultant**.

(05) Tum patres inter se **pulsant**. Pueri attente patres **spectant**.

(06) Postremo patres se **verberant**. Pueri autem iam diu globulis **ludunt**.

3. Mündliches Übersetzen im **Präsens Passiv**

(01) Duo pueri se verberant, causa non **monstratur**.

(02) Patri a filio flente de puero altero **narratur**.

(03) Nunc arena ab adversariis **intratur**: hic pater filiusque et ibi alter pater filiusque.

(04) Primo verbis **litigatur**: omnis pater ab altero **clamatur**, patres a pueris attente **auscultantur**.

(05) Tum omnis pater ab altero **pulsatur**. Patres a pueris attente **spectantur**.

(06) Postremo omnis pater ab altero **verberatur**. Pueri autem globulis **delectantur**.

Pacificator

4. Mündliches Übersetzen im **Imperfekt**

(01)Pueri se **verberabant**, causa **non monstrabatur**.
(02) Filius ad patrem **veniebat**, flebat et de puero altero **narrabat**.
(03) Nunc adversarii arenam **intrabant**: hic pater filiusque et ibi alter pater filiusque.
(04) Primo patres verbis **litigabant**: inter se **clamabant** et **increpabant**. Pueri attente **auscultabant**.
(05) Tum patres inter se **pulsabant**. Pueri attente patres **spectabant**.
(06) Postremo patres se **verberabant**. Pueri autem iam diu globulis **ludebant**.

5. Mündliches Übersetzen im **Futur I**

(01) Pueri se **verberabunt**, causa non monstrabitur .
(02) Filius ad patrem **veniet**, flebit et de puero altero **narrabit**.
(03) Nunc adversarii arenam **intrabunt**: hic pater filiusque et ibi alter pater filiusque.
(04) Primo patres verbis **litigabunt**: inter se **clamabunt** et **increpabunt**. Pueri attente **auscultabunt**.
(05) Tum patres inter se **pulsabunt**. Pueri attente patres **spectabunt**.
(06) Postremo patres se **verberabunt**. Pueri autem iam diu globulis **ludent**.

6. Mündliches Übersetzen im **Perfekt**

(01) Pueri se **verberaverunt**, causa monstrata non est .
(02) Filius ad patrem **venit**, **flevit** et de puero altero **narravit**.
(03) Nunc adversarii arenam **intraverunt**: hic pater filiusque et ibi alter pater filiusque.
(04) Primo patres verbis **litigaverunt**: inter se **clamaverunt** et **increpaverunt**. Pueri attente **auscultaverunt**.
(05) Tum patres inter se **pulsaverunt**. Pueri attente patres **spectaverunt**.
(06) Postremo patres se **verberaverunt**. Pueri autem iam diu globulis **luserunt**.

7. Mündliches Übersetzen im **Plusquamperfekt**

(01) Pueri se **verberaverant**, causa **non monstrata erat** .
(02) Filius ad patrem **venerat**, **fleverat** et de puero altero **narraverat**.
(03) Nunc adversarii arenam **intraverant**: hic pater filiusque et ibi alter pater filiusque.
(04) Primo patres verbis **litigaverant**: inter se **clamaverant** et **increpaverant**. Pueri attente **auscultaverant**.
(05) Tum patres inter se **pulsaverant**. Pueri attente patres **spectaverant**.
(06) Postremo patres se **verberaverant**. Pueri autem iam diu globulis **luserant**.

Pacificator

8. Mündliches Übersetzen im **Futur II**

(01) Pueri se **verberaverint**, causa non **monstrata erit**.

(02) Filius ad patrem **venerit, fleverit** et de puero altero **narraverit**.

(03) Nunc adversarii arenam **intraverint**: hic pater filiusque et ibi alter pater filiusque.

(04) Primo patres verbis **litigaverint**: inter se **clamaverint** et **increpaverint**. Pueri attente **auscultaverint**.

(05) Tum patres inter se **pulsaverint**. Pueri attente patres **spectaverint**.

(06) Postremo patres se **verberaverint**. Pueri autem iam diu globulis **luserint**.

9. Mündliches Übersetzen mit **AcI**

*(01) Video **pueros se verberare, sed causam nescio**.*

*(02) Video **filium ad patrem venire, flere et de puero altero narrare**.*

*(03) Nunc videmus **adversarios arenam intrare**: pater filiusque et alter pater filiusque.*

*(04) Videmus **patres primo verbis litigare: inter se clamare et increpare**. Videmus pueros attente auscultare.*

*(05) Tum videmus **patres se pulsare et pueros eos attente aspectare**.*

*(06) Tum **patres se verberare et pueros autem iam diu globulis ludere** videmus.*

10. Mündliches Übersetzen mit **PC** oder **Abl abs**

(01) **Pueros se verberantes** videmus. Causam nescio.

(02) **Filius flens** ad patrem venit et de puero altero narrat.

(03) **Adversarios arenam intrantes** hic videmus: pater filiusque et alter pater filiusque.

(04) **Patribus litigantibus** pueri adultos attente auscultant.

(05) **Patribus se pulsantibus** pueri adultos attente aspectant.

(06) **Patribus se verberantibus** pueri iam diu globulis ludunt.

11. Mündliches Übersetzen mit **Relativsatz**

(01) Video pueros, **qui se verberant**.

(02) Video filium, **qui flet, ad patrem venit** deque puero altero narrat.

(03) Nunc videmus adversarios, **qui arenam intrant**: pater filiusque et alter pater filiusque.

(04) Pueri patres attente ascultant, **qui verbis litigant**.

(05) Pueri patres attente spectant, **qui se pulsant**.

(06) Pueri patres, **qui se verberant**, non iam observant sed iam diu globulis ludunt.

Pacificator

12. Mündliches Übersetzen mit ‚**sed**' oder ‚**autem**'

(01) Video pueros se verberantes, **sed** causam nescio.
(02) Filius **autem** ad patrem venit et de puero altero narrat.
(03) Nunc videmus non solum pueros, **sed** etiam patres controversiam habere.
(04) Pueri tacent et auscultant, **sed** patres verbis litigant.
(05) Pueri tacent et spectant, **sed** patres se pulsant.
(06) Pueri iam diu globulis ludunt, **sed** patres adhuc se verberant.

13. Mündliches Übersetzen mit **Präpositionalausdrücken**

(01) Pueri **inter se** pugnant.
(02) Filius flens **ad patrem** venit et **de puero altero** narrat
(03) Pater filiusque **ad alterum patrem filiumque** properant.
(04) Patres **coram pueros** verbis litigant.
(05) Pueri **ad patres** spectant, qui se pulsant.
(06) Pueri patres non iam observant et iam diu **cum globulis** ludunt.

14. Mündliches Übersetzen mit **indirekter Rede** aus der Sicht des Vaters

(01) Pater narravit **pueros se verberavisse, sed se causam nescivisse.**
(02) Tum narravit **filium flentem ad se venisse et de puero altero narravisse.**
(03) Pater dixit **se cum filio ad alterum patrem filiumque properavisse.**
(04) Pater dixit **se patremque alterum primo verbis litigavisse.**
(05) Pater narravit **se patremque alterum inter se pulsavisse.**
(06) Postremo narravit **se patremque alterum se verberavisse et pueros iam diu lusisse.**

15. Mündliches Übersetzen mit **indirekter Rede** aus der Sicht des Sohnes

(01) Filius narravit **se cum puero altero verberavisse, sed causam non iam scire.**
(02) Tum narravit **se flentem ad patrem properavisse et de puero altero narravisse.**
(03) Tum narravit **patrem secum ad alterum patrem filiumque properavisse.**
(04) Filius narravit **patres primo verbis litigavisse.**
(05) Tum dixit **patres inter se pulsavisse.**
(06) Postremo narravit **patres se verberavisse sed se puerumque iam diu globulis lusisse.**

16. Mündliches Übersetzen mit **direkter Rede** aus der Sicht des Vaters

(01) Pater narravit: »Filius et puer alter se verberavisse, sed causam nescivi.

(02) Tum filius flens venit et de puero altero narravit.

(03) Ergo cum filio ad patrem filiumque alterum properavi.

(04) Primo verbis litigavimus.

(05) Tum inter nos pulsavimus.

(06) Postremo etiam nos verberavimus set pueri iam diu globulis ludebant.«

17. Mündliches Übersetzen mit **direkter Rede** aus der Sicht des Sohnes

(01) Filius narravit: »Cum altero puero verberavi, sed causam non iam scio.

(02) Tum flevi, ad patrem cucurri et patri de altero puero narravi.

(03) Pater statim mecum ad patrem filiumque alterum properavit.

(04) Primo patres cum verbis litigaverunt. Alter puer egoque attente auscultavimus

(05) Tum etiam inter se pulsaverunt. Alter puer egoque attente spectavimus

(06) Postremo patres etiam se verberaverunt, sed alter puer egoque iam diu globulis lusimus.«

Provocatio infelix – Musterlösungen

1. Fragen und Antworten zur Bildergeschichte

(01) Quid faciunt pater filiusque?

(02) Quid facit filius?

(03) Animadvertne pater filium?

(04) Punitne pater filium?

(05) Quid est subito de filio ?

(06) Delectatne filius fumare?

2. Mündliches Übersetzen im Präsens Aktiv

(01) Pater acta diurna **legit** et filius pipam cum sulphurato **incendit.**

(02) Filius **simulat** se adultum esse et **sugit** pipam.

(03) Filius ante sellam patris **stat** et iterum **sugit** pipam, sed pater eum non **animadvertit.**

(04) Filius iterum patrem **monstrat** se pipam fumare sed pater nihil **dicit.**

(05) Subito filius mire **stat** et aliquid **non bene est.**

(06) Tum suum podicem **tenet** et celeriter ad latrinam **properat.**

3. Mündliches Übersetzen im Präsens Passiv

(01) Ephemeris a patre legitur. Pipa a filio sulphurato incenditur.

(02) Tum a filio simulatur se adultum esse .

(03) Filius, qui ante sellam patris stat, a patre non animadvertitur.

(04) Filius a patre non punitur.

(05) Subito filius male se habere videtur.

(06) Latrina a filio celeriter petitur.

Provocatio infelix

4. Mündliches Übersetzen im **Imperfekt**

(01) Pater acta diurna **legebat** et filius pipam cum sulphurato **incendebat**.

(02) Filius **simulabat** se adultum esse et **sugebat** pipam.

(03) Filius ante sellam patris **stabat** et iterum **sugebat** pipam, sed pater eum non **animadvertebat**.

(04) Filius iterum patri **monstrabat** se pipam fumare sed pater nihil **dicebat**.

(05) Subito filius mire **stabat** et **non bene se habebat**.

(06) Tum suum podicem **tenebat** et celeriter ad latrinam **properabat**.

5. Mündliches Übersetzen im **Futur I**

(01) Pater acta diurna **leget** et filius pipam cum sulphurato **incendet**.

(02) Filius **simulabit** se adultum esse et **suget** pipam.

(03) Filius ante sellam patris **stabit** et iterum **suget** pipam, sed pater eum non **observabit**.

(04) Filius iterum patri **monstrabit** se pipam fumare sed pater nihil **dicet**.

(05) Subito filius mire **stabit** et **non bene se habebit**.

(06) Tum suum podicem **tenebit** et celeriter ad latrinam **properabit**.

6. Mündliches Übersetzen im **Perfekt**

(01) Pater acta diurna **legit** et filius pipam cum sulphurato **incendit**.

(02) Filius **simulavit** se adultum esse et **suxit** pipam.

(03) Filius ante sellam patris **stetit** et iterum **suxit** pipam, sed pater eum non **animadvertit**.

(04) Filius iterum patri **monstravit** se pipam fumare sed pater nihil **dixit**.

(05) Subito filius mire **stetit** et non bene se habuit.

(06) Tum suum podicem **tenuit** et celeriter ad latrinam **properavit**.

7. Mündliches Übersetzen im **Plusquamperfekt**

(01) Pater acta diurna **legerat** et filius pipam cum sulphurato **incenderat**.

(02) Filius **simulaverat** se adultum esse et **suxerat** pipam.

(03) Filius ante sellam patris **steterat** et iterum **suxerat** pipam, sed pater eum non **observaverat**.

(04) Filius iterum patri **monstraverat** se pipam fumare sed pater nihil **dixerat**.

(05) Subito filius mire **steterat** et **non bene se habuerat**.

(06) Tum suum podicem **tenuerat** et celeriter ad latrinam **properaverat**.

Provocatio infelix

8. Mündliches Übersetzen im **Futur II**

(01) Pater acta diurna **legerit** et filius pipam cum sulphurato **incenderit**.
(02) Filius **simulaverit** se adultum esse et **suxerit** pipam.
(03) Filius ante sellam patris **steterit** et iterum **suxerit** pipam, sed pater eum non **observaverit**.
(04) Filius iterum patri **monstraverit** se pipam fumare sed pater nihil **dixerit**.
(05) Subito filius mire **steterit** et **non bene se habuerat**.
(06) Tum suum podicem **tenuerit** et celeriter ad latrinam **properaverit**.

9. Mündliches Übersetzen mit **AcI**

(01) Vidēo **patrem acta diurna legere et filium pipam cum sulphurato incendere**.
(02) Vidēo **filium simulare se adultum esse et pipam sugere**.
(03) Vidēo **filium ante sellam patris stare et iterum pipam sugere**.
(04) Vidēo **filium iterum patri monstrare se pipam fumare sed patrem nihil dicere**.
(05) Vidēo **filium subito mire stare et non bene se habere**.
(06) Postremo vidēo **filium suum podicem tenere et celeriter ad latrinam properare**.

10. Mündliches Übersetzen mit **PC** oder **Abl abs**

(01)**Pater acta diurna legens** filium pipam sulphurato incendere non animadvertit.
(02) **Filius pipam fumans** apud patrem stat.
(03) **Filius ante sellam patris stans** iterum pipam sugit, sed pater eum non observat.
(04) **Filius pipam fumans** circumambulat, sed pater filium non punit.
(05) Subito **filius mire stans** non bene se habet.
(06) Tum **suum podicem tenens filius** celeriter ad latrinam properaverit.

11. Mündliches Übersetzen mit **Relativsatz**

(01) Pater, **qui acta diurna legit,** filium pipam sulphurato incendere non animadvertit.
(02) Filius, **qui pipam fumat,** apud patrem stat.
(03) Filius, **qui ante sellam patris stat,** iterum pipam sugit, sed pater eum non observat.
(04) Filius, **qui pipam fumat,** circumambulat, sed pater filium non punit.
(05) Subito filius, **qui mire stat,** non bene se habet.
(06) Tum filius, **qui suum podicem tenet,** celeriter ad latrinam properat.

Provocatio infelix

12. Mündliches Übersetzen mit ,sed oder **autem**

(01) Pater acta diurna legit, **sed** filium, qui pipam incendit, non animadvertit.

(02) Filius **autem** se adultum esse simulat et apud patrem stat.

(03) Filius ante sellam patris stat et pipam fumat, **sed** pater nihil dicit.

(04) Filius pipam fumans circumambulat, **sed** pater eum non punivit.

(05) Filius **autem** subito mire stat et non bene se habet.

(06) Filius podicem tenens celeriter ad latrinam properat, **sed** pater tantum subridet.

13. Mündliches Übersetzen mit **Präpositionalausdrücken**

(01) Pater **in sella** acta diurna legit, sed filius **post sellam** pipam sulphurato incendit.

(02) Filius **iuxta patrem** pipam fumat, sed pater eum non animadvertit.

(03) Filius **ante sellam** patris stat et pipam fumat, sed pater ei nihil dicit.

(04) Filius **circum sellam** patris ambulat et fumat, sed pater eum non punit.

(05) Filius autem mire **apud patrem** stat et non bene se habet.

(06) Filius celeriter **ad latrinam** properat, sed pater **in sella** modo subridet.

14. Mündliches Übersetzen mit **indirekter Rede** aus der Sicht des Vaters

(01) Pater narravit **se acta diurna legisse sed filium post sellam pipam sulphurato incendisse.**

(02) Tum narravit **filium iuxta sellam fumavisse, sed se eum neglexisse.**

(03) Pater dixit **filium tum ante sellam fumavisse, sed se eum porro neglexisse.**

(04) Narravit **filium ubique circumambulavisse et pipam fumavisse, sed se eum non punivisse.**

(05) Pater dixit **filium mire stetisse et non bene se habuisse.**

(06) Postremo pater narravit **filium celeriter ad latrinam properavisse et se modo subrisisse.**

15. Mündliches Übersetzen mit **indirekter Rede** aus der Sicht des Sohnes

(01) Filius narravit **patrem acta diurna legisse et se post sellam pipam sulphurato incendisse.**

(02) Tum filius narravit **se iuxta sellam fumavisse, sed patrem eum neglexisse.**

(03) Filius dixit **se tum ante sellam fumavisse, sed patrem se porro neglexisse.**

(04) Narravit **se ubique circumambulavisse et pipam fumavisse, sed patrem eum non punivisse.**

(05) Filius dixit **se subito non bene habuisse.**

(06) Postremo filius **narravit se celeriter ad latrinam properavisse et patrem modo subrisisse.**

Provocatio infelix

16. Mündliches Übersetzen mit **direkter Rede** aus der Sicht des Vaters

    (01) Pater narravit: »**Heri acta diurna in sella legi et filius post sellam pipam sulphurato   incendit.**
    (02) **Tum filius iuxta sellam pipam fumavit, sed eum neglexi.**
    (03) **Tum filius ante sellam consistit et pipam fumavit, sed eum porro neglexi.**
    (04) **Denique filius fumans ubique circumambulabat, see eum non punivi.**
    (05) **Subito filius mire stat et non bene se habuit.**
    (06) **Tum podicem tenens celeriter ad latrinam properavit.«**

17. Mündliches Übersetzen mit **direkter Rede** aus der Sicht des Sohnes

    (01) Filius narravit: »**Heri pater acta diurna in sella legit et ego post sellam pipam sulphurato incendi.**
    (02) **Tum iuxta sellam pipam fumavi, sed pater me neglexit.**
    (03) **Tum ante sellam constiti et pipam fumavi, sed pater me porro neglexit.**
    (04) **Denique fumans ubique circumambulavi, sed pater me punivit.**
    (05) **Subito me non bene me habui.**
    (06) **Tum podicem tenens celeriter ad latrinam properavi.«**

Scriptum malum - Musterlösungen

1. **Fragen und Antworten** zur Bildergeschichte.

(01) Quid facit filius in pictura prima?

(02) Quid facit pater in pictura secunda?

(03) Quid accidit in schola ?

(04) Quid facit magister in pictura quarta?

(05) Quo ducit magister filium?

(06) Estne pater adhuc in schola?

2. Mündliches Übersetzen im **Präsens Aktiv**

(01) Filius scriptum pro schola scribere **debet**, sed nihil ei in mentem **venit**.

(02) Pater filium adiuvare **vult** et scriptum in libellum filii **inscribit**.

(03) Magister in schola libellum **tollit** et scripturam patris **intellegit**.

(04) Magister libellum **capit**, aurem filii **capit** et puerum **abducit**.

(05) Magister filium domum **abducit** et aliquid patrem **dicit**.

(06) Denique magister podicem patris **verberat**, quia pater pensum filii **facit**.

3. Mündliches Übersetzen im **Präsens Passiv**

(01) Scriptum a filio pro schola scriberi debet sed nihil ei in mentem venit.

(02) Scriptum a patre in libellum filii inscribitur.

(03) Libellus filii a magistro in schola tollitur, nam scriptura patris a magistro intellegitur.

(04) Libellus a magistro capitur, auris filii capitur et puer a magistro domum ducitur.

(05) Filius a magistro domum abducitur et aliquid a magistro patri dicitur.

(06) Denique podex patris a magistro verberatur, quia pensum filii a patre facitur.

4. Mündliches Übersetzen im **Imperfekt**

(01) Filius scriptum pro schola scribere **debebat**, sed nihil ei in mentem **veniebat**.

(02) Pater filium adiuvare **volebat** et scriptum in libellum filii **inscribebat**.

(03) Magister in schola libellum **tollebat** et scripturam patris **intellegebat**.

(04) Magister libellum **capiebat**, aurem filii **capiebat** et puerum **abducebat**.

(05) Magister filium domum **abducebat** et aliquid patrem **dicebat**.

(06) Denique magister podicem patris **verberabat**, quia pater pensum filii **faciebat**.

5. Mündliches Übersetzen im **Futur I**

(01) Filius scriptum pro schola scribere **debebit**, sed nihil ei in mentem **veniet**.

(02) Pater filium adiuvare **volet** et scriptum in libellum filii **inscribet**.

(03) Magister in schola libellum **tollet** et scripturam patris **intelleget**.

(04) Magister libellum **capiet**, aurem filii **capiet** et puerum **abducet**.

(05) Magister filium domum **abducet** et aliquid patrem **dicet**.

(06) Denique magister podicem patris **verberabit**, quia pater pensum filii **faciet**.

6. Mündliches Übersetzen im **Perfekt**

(01) Filius scriptum pro schola scribere **debuit**, sed nihil ei in mentem **venit**.

(02) Pater filium adiuvare **voluit** et scriptum in libellum filii **inscripsit**.

(03) Magister in schola libellum **sustulit** et scriptura patris **intellexit**.

(04) Magister libellum **cepit**, aurem filii **cepit** et puerum **abduxit**.

(05) Magister filium domum **abduxit** et aliquid patrem **dixit**.

(06) Denique magister podicem patris **verberavit**, quia pater pensum filii **fecit**.

7. Mündliches Übersetzen im **Plusquamperfekt**

(01) Filius scriptum pro schola scribere **debuerat**, sed nihil ei in mentem **venerat**.

(02) Pater filium adiuvare **voluerat** et scriptum in libellum filii **inscripserat**.

(03) Magister in schola libellum **sustulerat** et scriptura patris **intellexerat**.

(04) Magister libellum **ceperat**, aurem filii **ceperat** et puerum **abduxerat**.

(05) Magister filium domum **abduxerat** et aliquid patrem **dixerat**.

(06) Denique magister podicem patris **verberaverat**, quia pater pensum filii **fecerat**.

8. Mündliches Übersetzen im **Futur II**

(01) Filius scriptum pro schola scribere **debuerit**, sed nihil ei in mentem **venerit**.

(02) Pater filium adiuvare **voluerit** et scriptum in libellum filii **inscripserit**.

(03) Magister in schola libellum **sustulerit** et scriptura patris **intellexerit**.

(04) Magister libellum **ceperit**, aurem filii **ceperit** et puerum **abduxerit**.

(05) Magister filium domum **abduxerit** et aliquid patrem **dixerit**.

(06) Denique magister podicem patris **verberaverit**, quia pater pensum filii **fecerit**.

Scriptum malum

9. Mündliches Übersetzen mit **AcI**

(01) Video **filium in mensa sedere et nihil ei in mentem venire.**

(02) Video **patrem filium adiuvare velle et scriptum in libellum filii inscribere.**

(03) Video **magistrum in schola libellum tollere, quia scripturam patris intellegit.**

(04) Video **magistrum libellum filii capere, etiam aurem filii capere et puerum abducere.**

(05) Video **magistrum cum filio ante portam patris stare et aliquid patrem dicere.**

(06) Denique **video magistrum patri podicem verberare, quia is pensum filii facit.**

10. Mündliches Übersetzen mit **PC** oder **Abl abs**

(01) **Filio in mensa sedenti** nihil in mentem venit, quamquam scriptum scribere debet.

(02) **Pater filium adiuvare volens** scriptum in libello filii scribit.

(03) **Magister a scripto filii stupefactus** libellum tollit et aliquid dicit.

(04) **Magister libellum retinens** aurem filii capit et puerum abducit.

(05) **Magister cum puero antem portam patris stans** aliquid dicit.

(06) Denique magister **patri pensum filii facienti** podicem verberat.

11. Mündliches Übersetzen mit **Relativsatz**

(01) Filius, **qui scriptum pro schola scribere debet,** in mensa sedet, sed nihil ei in mentem venit.

(02) Pater, **qui filium adiuvare vult,** scriptum in libello filii inscribit.

(03) Magister, **qui in schola libellum tollit,** scripturam patris intellegit.

(04) Magister, **qui libellum filii capit,** etiam aurem filii capit et puerum abducit.

(05) Magister, **qui cum filio ante portam patris stat,** aliquid patrem dicit.

(06) Denique magister patri, **qui pensum filii facit,** podicem verberat.

12. Mündliches Übersetzen mit **,sed** oder **autem**

(01) Filius scriptum pro schola scribere debet, **sed** nihil ei in mentem venit.

(02) Pater **autem** filium adiuvare vult et scriptum in libellum filii inscribit.

(03) **Sed** magister in schola libellum filii tollit et scripturam patris intellegit.

(04) Magister **autem** libellum retinet, aurem filii capit et puerum domum abducit.

(05) Pater stupefactus est, **sed** magister cum eo sermonem habere vult.

(06) Pater non iam discipulus est, **sed** magister ei podicem verberat, quia pensum filii facit.

Scriptum malum

13. Mündliches Übersetzen mit **Präpositionalausdrücken**

(01) Filius **in mensa** sedet et scriptum **pro schola** scribere debet, sed nihil ei **in mentem** venit.

(02) Pater filium adiuvare vult etiam **in mensa** considet et scriptum **in libellum** filii inscribit.

(03) Magister **in schola** libellum tollit et scripturam patris **in libello** filii intellegit.

(04) Magister libellum capit, aurem filii capit et **cum puero ad domum** patris it.

(05) Pater stupefactus est, sed magister **cum eo** sermonem **de pensa** filii habere vult.

(06) Denique magister **in mensa** podicem patris verberat, quia pater pensum filii facit.

14. Mündliches Übersetzen mit **indirekter Rede** aus der Sicht des Vaters

(01) Pater narravit **filium scriptum pro schola scribere debuisse sed nihil ei in mentem venisse.**

(02) Tum narravit **se eum adiuvare voluisse et scriptum in libellum filii inscripsisse.**

(03) Pater dixit **magistrum libellum filii in schola sustulisse et suum scripturam intellexisse.**

(04) Tum dixit **magistrum libellum filii retinuisse et cum filio ante portam suam apparuisse.**

(05) Pater narravit **magistrum sermonem cum patre de penso filii voluisse.**

(06) Postremo prodidit **magistrum sibi podicem verberavisse.**

15. Mündliches Übersetzen mit **indirekter Rede** aus der Sicht des Sohnes

(01) Filius narravit **se scriptum pro schola scribere debuisse sed nihil sibi in mentem venisse.**

(02) Tum narravit **patrem eum adiuvare voluisse et se scriptum in libellum filii inscripsisse.**

(03) Tum dixit **magistrum libellum suum in schola sustulisse et scripturam patris intellexisse.**

(04) Narravit **magistrum libellum suum retinuisse et secum ante portam patris apparuisse.**

(05) Dixit **magistrum sermonem cum patre de penso suo voluisse.**

(06) Postremo prodidit **magistrum patri in mensa podicem verberavisse.**

Scriptum malum

16. Mündliches Übersetzen mit **direkter Rede** aus der Sicht des Vaters

(01) Pater narravit: »**Filius scriptum pro schola scribere debuit, sed ei nihil in mentem venit.**

(02) **Eum adiuvare volui et ergo ego ipse scriptum in libellum filii scripsi.**

(03) **Magister libellum filii sustulit et scripturam meam intellexit.**

(04) **Magister libellum filii retinuit et filium secum duxit.**

(05) **Subito ante portam meam apparuerunt et magister mecum sermonem habere voluit.**

(06) **Denique magister mihi podicem verberavit, quia pensum filii feci.** «

17. Mündliches Übersetzen mit **direkter Rede** aus der Sicht des Sohnes

(01) Filius narravit »**Scriptum pro schola scribere debui, sed mihi nihil in mentem venit.**

(02) **Pater me adiuvare voluit et ipse scriptum in libellum meum inscripsit.**

(03) **Magister libellum meum sustulit et scripturam patris intellexit.**

(04) **Magister libellum meum retinuit et me secum duxit.**

(05) **Tum ante portam nostram apparuimus et magister cum patre sermonem habere voluit.**

(06) **Denique magister patri podicem verberavit, quia pensum meum fecit.** «

Weitere Titel aus dem Verlag MundusLatinus auf www.munduslatinus.de

FSC
www.fsc.org
MIX
Papier | Fördert
gute Waldnutzung
FSC® C083411

Zeitfracht Medien GmbH
Ferdinand-Jühlke-Straße 7
99095 Erfurt, Deutschland
produktsicherheit@kolibri360.de